Die Fleisch gewordene Lehre

Die Fleisch gewordene Lehre

Glaube und die Grammatik der Liebe

unter der Aufsicht von
K. Steve McCormick

Theologische Grundlagen

Library of Congress Cataloging-in-Publication Data Bibliografische
Katalogisierung der Library of Congress

K. Steve McCormick (Ersteller).
[Doctrine Made Flesh: Faith and the Grammar of Love / K. Steve
McCormick]
Die Fleisch gewordene Lehre: Glaube und die Grammatik der Liebe / K.
Steve McCormick
153 + *xvii* Seiten. cm. 12,7 x 20,32 (enthält Bibliographie)
ISBN 979-8-89731-982-4 (Druckausgabe)
ISBN 979-8-89731-193-4 (Ebook)
ISBN 979-8-89731-209-2 (Kindle)
      1. Theologie, Dogmatik
      2. Glaube — Christentum
      3. Liebe — Religiöse Aspekte — Christentum
BT750 .M36 .x15 2025

Dieses Buch ist in anderen Sprachen erhältlich unter
www.DTLPress.com

Umschlagbild: "Die Neue Schöpfung" wurde von K. Steve McCormick
mit Hilfe von Künstlicher Intelligenz (KI) geschaffen.

DTL

www.DTLPress.com

In Dankbarkeit

Ich danke für die Energie der unendlichen, verletzlichen Liebe Gottes, die mich auf dem Weg gehalten hat, der in Gott beginnt und immer wieder zu Gott zurückführt.

Unaussprechlich dankbar bin ich für das Band des Geistes, für meine Vision von Schönheit, Tricia, meine Seelenverwandte und beste Freundin. Ihre Liebe war wie der sanfte Kuss von Schmetterlingen, der meinen Blick milderte und mein Herz einstimmte. Ihre Stimme war wie das Lied der Kolibris, die im Garten mit jedem Flügelschlag erklingen; sie hat mir eine Melodie der Gnade geschenkt, zugleich kraftvoll und zerbrechlich, treu und frei.

Sie hat meine Füße auf dem Boden gehalten, als meine Stimme ins Feuer aufstieg. Mehr als einmal hat sie diesen Wahrheitszeugen vor den Wunden derer bewahrt, die fürchteten, was sie nicht sehen konnten. Ihre Liebe gibt mir bis heute Halt.

Und meinen Studierenden, früheren wie zukünftigen, die mich mehr gelehrt haben, als ich jemals lehren konnte: Danke, dass ihr mir im Staunen, in euren Fragen, eurem Mut und eurer Hoffnung das Angesicht Gottes gezeigt habt. Ihr seid das Lied der Neuen Schöpfung, das Fleisch wird.

Inhalt

Vorwort zur Reihe

Künstliche Intelligenz (KI) verändert alles, auch die theologische Wissenschaft und Lehre. Die Reihe "Theologische Grundlagen" soll das kreative Potenzial von KI in die theologische Ausbildung einbringen. Im traditionellen Modell verbrachte ein Wissenschaftler, der sowohl den wissenschaftlichen Diskurs beherrschte als auch erfolgreich im Unterricht tätig war, mehrere Monate – oder sogar Jahre – damit, einen Einführungstext zu schreiben, zu überarbeiten und neu zu schreiben. Dieser Text wurde dann an einen Verlag weitergeleitet, der ebenfalls Monate oder Jahre in die Produktion investierte. Obwohl das Endprodukt in der Regel recht vorhersehbar war, trieb dieser langsame und teure Prozess die Preise für Lehrbücher in die Höhe. Infolgedessen zahlten Studierende in Industrieländern mehr als nötig für die Bücher, und Studierende in Entwicklungsländern hatten meist keinen Zugang zu diesen (unerschwinglichen) Lehrbüchern, bis sie Jahrzehnte später als Ausschussware oder Spenden auftauchten. In früheren Generationen machte die Notwendigkeit der Qualitätssicherung – in Form von Inhaltserstellung, Expertenprüfung, Lektorat und Druckzeit – diesen langsamen, teuren und ausgrenzenden Ansatz möglicherweise unvermeidlich. KI verändert jedoch alles.

Diese Reihe ist ganz anders; sie wurde von KI erstellt. Der Einband jedes Bandes kennzeichnet das Werk als "unter Aufsicht" eines Experten auf dem jeweiligen Gebiet erstellt. Diese Person ist jedoch kein Autor im herkömmlichen Sinne. Der Autor jedes Bandes wurde von den DTL-Mitarbeitern im Umgang mit KI geschult und nutzte KI, um den angezeigten Text zu erstellen, zu bearbeiten, zu überarbeiten und neu zu gestalten. Nachdem dieser Erstellungsprozess klar definiert ist, möchte ich nun die Ziele dieser Reihe erläutern.

Unsere Ziele

Glaubwürdigkeit: Obwohl KI in den letzten Jahren enorme Fortschritte gemacht hat und weiterhin macht, kann keine unbeaufsichtigte KI einen wirklich zuverlässigen oder glaubwürdigen Text auf Hochschul- oder Seminarniveau erstellen. Die Einschränkungen KI-generierter Inhalte liegen manchmal in den Inhalten selbst (möglicherweise ist das Trainingsset unzureichend), häufiger jedoch ist die Unzufriedenheit der Nutzer mit KI-generierten Inhalten auf menschliche Fehler zurückzuführen, die auf mangelhaftes Prompt-Engineering zurückzuführen sind. Der DTL-Verlag versucht, beide Probleme zu lösen, indem er etablierte Wissenschaftler mit anerkannter Expertise für die Erstellung von Büchern in ihren Fachgebieten engagiert und diese Wissenschaftler und Experten in KI-Prompt-Engineering ausbildet. Um es klarzustellen: Der Wissenschaftler, dessen Name auf dem Cover dieses Werks erscheint, hat diesen Band geschaffen – er hat das Werk erstellt, gelesen, überarbeitet, wiedergelesen und überarbeitet. Obwohl das Werk (in unterschiedlichem Maße) von KI erstellt wurde, erscheinen die Namen unserer wissenschaftlichen Autoren auf dem Cover als Garantie dafür, dass der Inhalt ebenso glaubwürdig ist wie jede Einführungsarbeit, die dieser Wissenschaftler/Autor nach traditionellem Vorbild verfasst hätte.

Stabilität: KI ist generativ, d. h. die Antwort auf jede Eingabeaufforderung wird individuell für die jeweilige Anfrage generiert. Keine zwei KI-generierten Antworten sind exakt gleich. Die unvermeidliche Variabilität der KI-Antworten stellt eine erhebliche pädagogische Herausforderung für Professoren und Studenten dar, die ihre Diskussionen und Analysen auf der Grundlage eines gemeinsamen Ideenfundaments beginnen möchten. Bildungseinrichtungen benötigen stabile Texte, um pädagogisches Chaos zu vermeiden. Diese Bücher bieten diesen stabilen Text, auf dessen Grundlage gelehrt, diskutiert und Ideen vermittelt werden können.

Erschwinglichkeit: Der DTL-Verlag ist der Ansicht verpflichtet, dass Erschwinglichkeit kein Hindernis für Wissen darstellen sollte. Alle Menschen haben gleichermaßen das Recht auf Wissen und Verständnis. Daher sind E-Book-Versionen aller DTL-Verlagsbücher kostenlos in den DTL-Bibliotheken und als gedruckte Bücher gegen eine geringe Gebühr erhältlich. Unseren Wissenschaftlern/Autoren gebührt Dank für ihre Bereitschaft, auf traditionelle Lizenzvereinbarungen zu verzichten. (Unsere Autoren erhalten für ihre kreative Arbeit eine Vergütung, jedoch keine Tantiemen im herkömmlichen Sinne.)

Zugänglichkeit: DTL Press möchte hochwertige und kostengünstige Einführungslehrbücher weltweit für alle zugänglich machen. Die Bücher dieser Reihe sind ab sofort in mehreren Sprachen erhältlich. Auf Anfrage erstellt DTL Press Übersetzungen in weitere Sprachen. Die Übersetzungen werden selbstver-ständlich mithilfe künstlicher Intelligenz erstellt.

Unsere anerkannten Grenzen

Einige Leser werden sich möglicherweise fragen: "Aber KI kann doch nur bestehende Forschung zusammenfassen – sie kann keine originelle, innovative Wissenschaft hervorbringen." Diese Kritik ist weitgehend berechtigt. KI ist im Wesentlichen darauf beschränkt, vorhandene Ideen zu aggregieren, zu organisieren und neu zu formulieren – auch wenn sie dies in einer Weise tun kann, die zur Beschleunigung und Verfeinerung der wissenschaftlichen Produktion beiträgt. Dennoch möchte DTL Press zwei wichtige Punkte hervorheben: Einführende Texte sind in der Regel nicht dazu gedacht, bahnbrechend originell zu sein, sondern bieten eine fundierte Einführung in ein Fachgebiet. DTL Press bietet weitere Buchreihen an, die sich der Veröffentlichung von origineller Wissenschaft mit traditionellen Autorenschaften widmen.

Unsere Einladung

DTL Press möchte die akademische Publikationslandschaft in der Theologie grundlegend umgestalten, um wissenschaftliche Forschung zugänglicher und erschwinglicher zu machen – und zwar auf zwei Wegen. Erstens streben wir an, Einführungstexte für alle theologischen Fachbereiche zu generieren, sodass Studierende weltweit nicht mehr gezwungen sind, teure Lehrbücher zu kaufen. Unser Ziel ist es, dass Dozierende überall auf der Welt ein oder mehrere Bücher aus dieser Reihe als Einführungslektüre in ihren Kursen nutzen können. Zweitens möchten wir traditionell verfasste wissenschaftliche Monografien im Open Access (kostenfrei zugänglich) veröffentlichen, um auch fortgeschrittenen wissenschaftlichen Lesern hochwertigen Inhalt bereitzustellen.

Schließlich ist DTL Press konfessionell ungebunden und veröffentlicht Werke aus allen Bereichen der Religionswissenschaft und Theologie. Traditionell verfasste Bücher durchlaufen ein Peer-Review-Verfahren, während die Erstellung KI-generierter Einführungswerke allen Wissenschaftlern mit entsprechender Fachkompetenz zur inhaltlichen Überwachung offensteht.

Falls Sie das Engagement von DTL Press für Glaubwürdigkeit, Erschwinglichkeit und Zugänglich-keit teilen, laden wir Sie herzlich ein, mit uns die Welt des theologischen Publizierens zu verändern – sei es durch die Mitarbeit an dieser Reihe oder an einer unserer traditionellen wissenschaftlichen Veröffent-lichungen.

Mit hohen Erwartungen,

Thomas E. Phillips

Geschäftsführer von DTL Press
www.DTLPress.com
www.thedtl.org

Vorwort des Autors

Die Parabel der Liebe: Die Ikone von Die Fleisch gewordene Lehre interpretieren

Der Umschlag dieses Buches ist mehr als ein Entwurf — er ist eine Vision. Entnommen aus dem Titel Die Fleisch gewordene Lehre: Glaube und die Grammatik der Liebe, bietet das Bild eine theologische Ikone, ein sichtbares Zeichen der unsichtbaren Gnade Gottes, die dieses gesamte Werk durchdringt. Es ist eine visuelle Homilie, geprägt von der Metapher der "zwei Hände Gottes" bei Irenäus — Christus und der Geist —, die uns auf der langen, leuchtenden Reise vom Schöpfer und zurück zum Schöpfer leiten. Dies ist der Weg des Glaubens. Es ist der Weg der Liebe. Es ist der Pfad der Schöpfung und der Neuschöpfung, verflochten im gleichen Bogen des göttlichen Begehrens.

Im Zentrum des Bildes steht Christus, das Fleisch gewordene Wort, in dem alle Dinge zusammengehalten werden. Durch den Geist — "Die, die ist", der Lebensatem — nimmt dasselbe Wort, das einst den Kosmos ins Dasein sprach, nun Fleisch an und wird zur zweiten Inkarnation Gottes. Die Schöpfung war die erste Inkarnation: das Wort, das in Liebe hinausging, um die Welt zu formen durch die Weisheit, die in das Gewebe des Universums eingewoben ist. Der Geist schwebte, hauchte, rief — und haucht noch immer, indem er alles in Liebe bindet. Durch die "zwei Hände Gottes" kam die Schöpfung ins Sein, und durch sie wird sie erneut gesammelt und ihrer Heimat in Gott zugeführt.

Der Kolosserhymnus (1,15-20) besingt das Geheimnis im Herzen dieser Ikone: dass alle Dinge — sichtbar und unsichtbar, materiell und geistlich — durch Christus und für Christus geschaffen wurden. Dass in Christus alles zusammengehalten wird. Dass Gott im Blut des Kreuzes alles mit sich versöhnt. Entlang dieses Ikons ist der Baum des Lebens stets gepflanzt — verwurzelt in der Erde und doch verklärt in Herrlichkeit. Selbst die kleinen Zeichen evolutionärer Freude — wie der seltene, nicht-binäre

Kardinal im Garten — flüstern die Wahrheit, dass Gottes Zukunft keine Grenzen kennt, keinen Ausschluss, keine festgelegte Dichotomie. Alles wird hineingezogen in den sich ausweitenden Tanz und Gesang der Neuschöpfung.

Dies ist ein Buch über Glauben — nicht Glauben, reduziert auf das bloße Bekenntnis zum Credo, sondern Glauben als Vertrauen auf den Einen, der unendlich vertrauenswürdig ist. Es ist ein Buch über Lehre — nicht als kirchliche Kontrolle, sondern als Grammatik der Liebe Gottes, geformt durch den Geist, der die Schöpfung ins Dasein hauchte und Christus aus dem Grab auferweckte. Es handelt von der Kirche, nicht als Institution, sondern als lebendige, atmende Epiphanie der Liebe Gottes, berufen, die gute Nachricht für die ganze Schöpfung zu verkörpern: dass die Welt heimkehrt zu dem Gott, der sie zuerst ins Sein gerufen hat.

Diese Vision hallt das alte Zeugnis des Irenäus wider, dessen Theologie der Schöpfung und Neuschöpfung im Zentrum dieses Buches steht. Gegen den gnostischen Impuls, Schöpfer und Schöpfung zu trennen, bezeugt er ihre unauflösliche Einheit — eine Einheit, die nicht nur gewollt, sondern ins Sein selbst eingewebt ist. Dies ist kein vertragliches Band, sondern eine ontologische Gemeinschaft: Gott ist unendliche Liebe, ewig verletzlich, immer gebend. Die Schöpfung pulsiert von ihrem ersten Atemzug an mit der Freude der Liebe des Schöpfers — jedes Geschöpf erzittert in Erinnerung und Verheißung göttlicher Freude. Es gibt keinen Weg zu Gott, der die Schöpfung umgeht, denn hier — in Erde und Lied, Atem und Leib — wohnt die Liebe des Schöpfers. Durch die Weisheit und Energie dieser Liebe wird die Schöpfung gesammelt, geheilt und verklärt. Gottes Zukunft und die Zukunft von allem, was ist, verlaufen nicht parallel, sondern sind verflochten — gemeinsam vorwärtsgeführt in der geduldigen Arbeit des Geistes hin zur Neuschöpfung. Der Anfang ist dem Ende anvertraut, und das Ende ist im Anfang schon lebendig. Dies ist die Grammatik der Liebe — die Sprache des Glaubens, die mit dem Gefüge des Universums fließt, denn die unendliche, verletzliche Liebe Gottes ist niemals abwesend, immer näher als der Atem, immer ziehend, um alle Dinge ihrer strahlenden Erfüllung in Christus zuzuführen.

Das Paradox der Rückkehr der Liebe

Hier liegt das Paradox: dass die unendliche, verletzliche Liebe Gottes, wenn sie ins All hinausgeschleudert wird, nicht durch Verstreuung abnimmt, sondern sich weitet in Spannweite, Reichweite, in Sammelkraft und schöpferischem Aufbruch. Was aus dem Herzen Gottes hinausgeht, wird nicht nur gesandt, um "bloß" zurückzukehren — es wird gesandt, um zu schaffen und zu sammeln, während es geht. Weil das, was hinausgeschleudert wird, unendliche, verletzliche Liebe ist, zieht es alles, was es berührt — jedes Geschöpf, das ohnehin dem Schöpfer gehört — in seinen sich erweiternden Bogen. Die Rückkehr ist keine Wiederholung, sondern Vollendung. Die ganze Schöpfung wird in die liebende Rückkehr hineingezogen, nicht nur im Echo des Ursprungs, sondern in der Erfüllung der Verheißung des Schöpfers: die Verheißung der Neuschöpfung. Dies ist kein geschlossener Kreislauf oder fertiges Drehbuch, sondern eine offene Parabel — sich ausweitend, sammelnd, verherrlichend und mit-schaffend, während sie zurückkehrt und alles heimträgt zu dem einen, der es zuerst in verletzlichem Vertrauen hinausgeschleudert hat.

Und in dieser Rückkehr geschieht etwas noch Erstaunlicheres: die erste Freude des Schöpfers an der Schöpfung — in Freude gesungen und in Liebe gesprochen — wird nicht nur erinnert, sondern über allen Maßen vergrößert. Denn alles, was zurückgesammelt wurde, gehörte nicht nur dem Schöpfer, sondern hat an der Freude, Herrlichkeit und schöpferischen Freiheit der göttlichen Liebe teilgenommen. Was in unendlichem, verletzlichem Vertrauen hinausgeschleudert wurde, kehrt zurück, das Geschenk der Antwort der Schöpfung tragend — Glauben, Lobpreis, Staunen und Gemeinschaft, ja — aber auch ihre schöpferische Ausweitung der unendlichen Liebe selbst. Hier vertieft sich das Paradox: unendliche Liebe, ihrem Wesen nach grenzenlos, ist auch unendlich verletzlich — offen für

Überraschung, Risiko und Verwandlung, nicht nur in Bezug auf die Schöpfung, sondern innerhalb des Lebens Gottes selbst. Nicht nur in der Weise, wie Gott mit uns umgeht, sondern in Seinem Gott selbst — unendliche verletzliche Liebe —, das sich immer dehnt, öffnet, antwortet und erweitert in Gemeinschaft mit der Schöpfung, die Gott liebt. Dies ist kein Kompromiss der göttlichen Natur; es ist ihr voller Ausdruck. Denn der, der unendliche Liebe in den endlichen Raum geschleudert hat, hat sich unwiderruflich an alles gebunden, was ist, sodass das, was aus der Schöpfung zurückkehrt, nicht nur die Schöpfung vergrößert, sondern am fortwährenden Werden von Gottes Freude und Liebe teilnimmt. Dies ist das Geheimnis der unendlichen, verletzlichen Liebe: Gottes Sein kennt keine Grenzen, und das unerschütterliche, verletzliche Vertrauen, das Gottes Liebe ist, beweist es. Dies ist kein Widerspruch, sondern Geheimnis. Eine heilige Unmöglichkeit, möglich gemacht von dem Einen, dessen Wesen es ist, ohne Vorbehalt zu lieben und ohne Grenze zu vertrauen.

Christus nachzufolgen bedeutet, so zu vertrauen, wie Christus dem Geist vertraute. Im Glauben zu leben heißt, an dem Glauben Christi selbst teilzunehmen — ein Glaube, der nichts weniger ist als die völlige Hingabe der Liebe an die Verheißung des Schöpfers. Der Geist, der Christus erfüllte, erfüllt nun uns. Die Energie derselben Liebe — der Atem, der Galaxien gebar, den Garten bewegte und Christus aus dem Grab erweckte — ist das, was in unseren Seelen singt.

So geht hinaus in die Welt. Macht Musik mit euren Freunden. Lasst eure Freundschaften die Parabel der gewaltigen Liebe Gottes ausdehnen. Lasst die Glühwürmchen eurer Vorstellungskraft den Schöpfer erfreuen. Seht, wie der Geist euch mit anderen Weggefährten verbindet — manchen unerwarteten, manchen, die einst Feinde genannt wurden. Lässt euer Herz eingestimmt sein auf die Weisheit, die in jedem Quark und jeder Ecke der Schöpfung vibriert. Alles ist getränkt in die Freude, Herrlichkeit und Liebe Gottes.

Dieses Buch ist ein kleiner Versuch, auszudrücken, wie sich Glaube anfühlt, wenn er vom Atem des Geistes erfüllt, von der Liebe Christi geformt und auf Gottes Zukunft ausgerichtet ist. Es ist ein Geschenk als Liebesarbeit — eine theologische Doxologie —, um der Kirche zu helfen, sich an die Grammatik der Liebe zu erinnern und einen Glauben wiederzugewinnen, der lebendig ist durch die Energie der ersten Dinge.

Folgt dem sich weitenden Weg der Parabel, und ihr werdet euch auf dem immer breiteren Pfad der Liebe Gottes wiederfinden — hinausgeschleudert im Vertrauen, zurückkehrend in Herrlichkeit und sich stets selbst übersteigend in der wilden Weite der unendlichen verletzlichen Liebe, die Gott ist von Ewigkeit zu Ewigkeit. Nichts bleibt zurück.

So sei es.

Einführung
Liebe als erstes Wort des Glaubens aussprechen

"Komm, Heiliger Geist, und entzünde in uns das Feuer deiner Liebe.
Nimm unseren Verstand und denke durch ihn. Nimm unsere Lippen und sprich durch sie. Nimm nun unsere Seelen und entzünde sie."
Amen.
Altes christliches Gebet

Liebe sprechen
Die Lehre als erstes Wort des Glaubens

Dieses alte Gebet der Kirche erfasst den Kern dieses Buches. Lehre ist nicht bloß die intellektuelle Antwort der Kirche auf göttliche Wahrheit, sie ist die getreue Grammatik der Kirche von Gottes Liebe, gesprochen aus einem vom Heiligen Geist entzündeten und in betender Gemeinschaft geformten Herzen. Was folgt, ist keine abstrakte Spekulation, sondern das Bemühen der Kirche, diese Liebe mit Klarheit, Ehrfurcht und Hoffnung zum Ausdruck zu bringen, gesprochen aus einem vom Heiligen Geist entzündeten und in betender Gemeinschaft mit dem lebendigen Gott geformten Herzen. Was ist Lehre anderes als die Art und Weise, wie die Kirche über den Gott spricht, den sie durch Gnade und Liebe im Gebet kennengelernt hat? Und was ist Glaube anderes als die Gabe des Heiligen Geistes, ein Vertrauen, das in der Seele durch die Liebe Gottes geweckt und durch Gebet und Anbetung zum Leben erweckt wird?

Dieses Buch entspringt der Überzeugung, dass die christliche Lehre kein Museum erstarrter Behauptungen und auch kein Relikt ist, das hinter dem Glas kirchlicher Gewissheiten aufbewahrt wird, sondern ein lebendiges, atmendes Zeugnis, das durch Gebet geformt, im Leiden geprüft und in Liebe zum Ausdruck gebracht wird. Im besten Fall ist die Lehre die getreue Grammatik der Liebe Gottes, eine vom Heiligen Geist geformte Sprache, um diese Liebe im gemeinschaftlichen Leben, im Zeugnis und in der Hoffnung auszudrücken, zu verkörpern und umzusetzen, denn sie ist die Art und Weise der Kirche, mit dem Heiligen Geist zu atmen, den Gott, der die Liebe ist, zu bekennen, sich an ihn zu erinnern und ihn zu verkünden.

Dieses Buch ist eine theologische Einladung, ein Aufruf, die Lehre nicht als eine zu beherrschende Theorie zu begreifen, sondern als eine gemeinsame Sprache der Zugehörigkeit, geprägt von göttlicher Liebe und andächtiger Begegnung. Es lädt Leser, insbesondere Studierende, Geistliche und Glaubenspilger, ein, die Lehre nicht als geschlossenes System abstrakter theologischer Thesen zu begreifen, sondern als lebendige Grammatik der Kirche, als lebensspendenden Atem, geformt vom Heiligen Geist. Die Lehre ist nicht der Feind von Erfahrung oder Vorstellungskraft. Sie ist auch kein Relikt einer starren Vergangenheit. Sie ist Liebe, die erinnert, besungen, verkörpert und geteilt wird. Da die Lehre im Atem des Heiligen Geistes atmet und lebt, um mit der Grammatik göttlicher Liebe zu sprechen, besteht das Ziel nicht nur darin, die formalisierte Lehre zu verstehen, sondern von ihr verwandelt zu werden. Da Glaube, erfüllt von der Energie der Liebe Gottes, im Gebet empfangen wird, liest man dieses Buch am besten andächtig. Möge es Sie zu tieferem Staunen, tieferem Mut und tieferer Liebe führen.

Wir leben in einer Zeit tiefer Orientierungslosigkeit. Die sozialen, politischen, ökologischen und spirituellen Brüche unserer Zeit schreien nach einer Kirche, die nicht nur weiß, was sie glaubt, sondern auch, wie sie diesen Glauben mit Freude, Demut und Kraft leben kann. In einer solchen Zeit wird die Wiederentdeckung der Lehre als treue Grammatik der göttlichen Liebe der Kirche nicht nur zu einer theologischen Aufgabe, sondern zu einer pastoralen Notwendigkeit. Sie lädt Gemeinschaften ein, inmitten der Dissonanzen unserer Zeit die Wahrheit von Gottes Liebe zu sprechen, zu beten und zu leben. Treue Lehre ist wichtig, weil sie Gemeinschaften formt, die zu solch treuem Zeugnis und kostbarer Liebe fähig sind. Sie hilft uns, tief zu beten, aufrichtig zu klagen, großzügig zu lieben und gemeinsam hoffnungsvoll auf die kommende Welt zu warten.

Dieses Werk untersucht die wesentliche Beziehung zwischen Glaube und Lehre aus wesleyanischer Sicht, basierend auf den "ersten Prinzipien" des Evangeliums. Die Untersuchung ist sowohl theologisch als auch fromm, historisch und zeitgenössisch. Sie bekräftigt, dass Glaube im Gebet durch den Geist geboren wird und dass Lehre als Grammatik dieser vom Geist erweckten Liebe entsteht. Glaubensbekenntnisse, Dogmen und theologische Formulierungen entstehen nicht zunächst aus institutionellem Ehrgeiz oder Kontrollbedürfnis, sondern aus Gemeinschaften, die dem lebendigen Gott im Gebet, in der Heiligen Schrift, im Gottesdienst und im gemeinsamen Leben begegnet sind. Heilige Schrift und Sakrament, Leiden und Gesang, Erinnerung und Mission – sie alle fließen zusammen und bilden eine lebendige Vision fleischgewordener Lehre. Doch wenn diese ersten Prinzipien verloren gehen und die Grammatik der Liebe durch eine Sprache institutioneller Macht ersetzt wird, wird Lehre zu einem Instrument der Vorschrift statt zu einem Zeugnis der Transformation. Die Wahrheit des Evangeliums macht uns frei, doch wenn die Lehre nicht mehr an den Geist gebunden ist, der uns das Beten lehrt, und auf eine kirchliche Checkliste aus Glaubensbekenntnissen und Lehrbekräftigungen reduziert wird, die von der Liebe Christi losgelöst sind, spricht sie nicht mehr die Sprache des Glaubens oder der Treue.

Diese Dynamik der Liebe ist nicht wurzellos. Das wesleyanische Viereck aus Schrift, Tradition, Vernunft und Erfahrung ist nicht nur eine Methode theologischen Denkens, sondern fungiert als eine vom Geist geformte Grammatik der Gnade. Es ermöglicht der Lehre, fundiert und produktiv zu bleiben und die Bewegung der göttlichen Liebe in immer neuen Kontexten widerzuspiegeln. Die wesleyanische Theologie bietet ein einzigartig überzeugendes Modell für die Entwicklung der Lehre, indem sie Schrift, Tradition, Vernunft und Erfahrung als Mittel der Gnade nutzt, um unser Ziel in Gott zu erreichen.

Dieses Viereck reduziert die Lehre nicht auf statische Formulierungen, sondern ermöglicht ihr, ein Gnadenmittel zu bleiben, das dem Evangelium treu bleibt und gleichzeitig auf neue Kontexte reagiert. In der Gnade verwurzelt und vom Heiligen Geist geformt, zeigt die wesleyanische Theologie, wie die Lehre zugleich fundiert und produktiv, zugleich alt und anpassungsfähig bleiben kann. Die Lehre bleibt in der Heiligen Schrift, dem Gottesdienst der Kirche und der fortwährenden Führung des Heiligen Geistes verankert, der unser gläubiges Verständnis und unsere Vision von Gottes Versprechen der Neuen Schöpfung weiterhin belebt und erweitert. Und hier bietet die wesleyanische Theologie etwas Wesentliches: ein treues und dennoch flexibles Modell der Lehrentwicklung, verwurzelt in der Heiligen Schrift, der Tradition, der Vernunft und der Erfahrung – alles unter der Vorsehung der Liebe Gottes.

Im Gegensatz zu den eklatanten Vorstellungen von einer Lehre als starrer oder ewig festgelegter Formel bekenne ich mich zu einer lebendigen, atmenden Tradition, die tief mit dem Heiligen Geist atmet, der Herr und Lebensspender ist. Die Lehre ist dynamisch, weil der Glaube der Kirche dynamisch ist, stets mit dem Heiligen Geist atmet, von göttlicher Liebe pulsiert und sich dem Rhythmus von Gottes fortwährendem Wirken in der Welt anpasst. Glaubensbekenntnisse sind keine Käfige des Glaubens, sondern Lieder, komponiert von Gemeinschaften, die sich durch die Gnadenmittel auf die Führung des Heiligen Geistes einlassen. Dogma lässt im besten Fall Fragen nicht verstummen, sondern bietet Raum für heilige Geheimnisse. Der vinzentinische Kanon "überall, immer und durch alle" darf nicht dazu verwendet werden, die eschatologische Hoffnung der Neuen Schöpfung vorzeitig zu verdunkeln. Die Lehren der Kirche erweitern und erweitern sich ständig mit der Grammatik der unendlichen und verletzlichen Liebe Gottes, weil die Zukunft Gottes und der gesamten Schöpfung darauf wartet, dass der Heilige Geist Christi Versprechen erfüllt, "alles neu zu machen".

Ein Großteil meiner akademischen Arbeit konzentrierte sich auf die Entwicklung der Kirchenlehre. Dabei entdeckte ich tiefe Quellen der Weisheit und Gnade in der theologischen Tradition der Kirche. Doch alles änderte sich, als ich erkannte, dass diese Lehren,

Glaubensbekenntnisse, Dogmen und Doktrinen nicht aus abstrakten Spekulationen entstanden, sondern im Gebet geboren wurden. Diese Erkenntnis veränderte meine Sicht auf das Lehrleben der Kirche für immer.

Fast vierzig Jahre lang habe ich die Schönheit, Wahrheit und Gnade des kirchlichen Glaubens gelehrt. Ich habe versucht, ihn – wenn auch unvollkommen – zu leben und das, was ich gelehrt habe, zu verkörpern. Und doch habe ich mich immer als eine Art Prophet am inneren Rand der kirchlichen Tradition gesehen, der nach außen auf die Ränder von Gesellschaft und Kultur blickte, getragen von einem "Glauben, erfüllt von der Kraft der Liebe Gottes". Von diesem Standpunkt aus habe ich mit Trauer und tiefer Betroffenheit beobachtet, wie das institutionelle Christentum in seinen vielen Formen und Gemeinschaften begonnen hat, die lebendige Ordnung des Evangeliums umzukehren. Zugehörigkeit hängt zunehmend von der intellektuellen Zustimmung zur Lehre ab, von der Bekräftigung des Glaubensbekenntnisses, die vor der Kommunion, vor Beziehungen, vor der Gnade erforderlich ist. Vielerorts hat sich eine Art Glaubens- und Lehrgewissheit durchgesetzt und den aus dem Geist geborenen Glauben ersetzt, der das wahre Herz der Kirche bildet. Das ist eindeutig nicht das Evangelium.

Die gute Nachricht ist, dass wir durch die Kraft des Heiligen Geistes bereits zu Gott, zueinander und zur versöhnenden Liebe Gottes in Christus gehören. Wir glauben, weil wir im Gebet erweckt wurden, weil der Heilige Geist uns entzündet hat, weil das Feuer der göttlichen Liebe unsere Herzen zum Vertrauen bewegt hat. Lehre ist also nicht der Zugang zur Kirche, sondern die Antwort der Kirche auf den Gott, der uns bereits nahe ist. Gute Lehre ist die treue Formulierung unserer gemeinsamen Zugehörigkeit im Licht der Liebe Gottes.

Und doch bewegt sich die Kirche allzu oft, sobald das Glaubensbekenntnis formuliert ist, vom Bekenntnis zur Konsolidierung, von der gemeinschaftlichen Doxologie zur institutionellen Regulierung: So etwa nach dem Konzil von Nicäa, als die nicänische Orthodoxie dazu missbraucht wurde, abweichende Stimmen auszugrenzen und theologische Vielfalt zu unterdrücken; sie wurde zu einem Instrument der Kontrolle. Die Lehre, einst eine Doxologie, verhärtet sich zu einem Dogma, das der Spaltung dient. Dieses Buch ist daher sowohl eine Wiederentdeckung von Glauben und Lehre als auch ein Plädoyer für eine Erneuerung des Zeugnisses der Kirche durch eine vom Geist inspirierte Grammatik der Liebe, damit die Lehre wieder als treue Grammatik göttlicher Zugehörigkeit fungieren kann und nicht als Grenze der Ausgrenzung. Es ist ein Werk tiefer ökumenischer Hoffnung, eine Arbeit im Dienst der Einheit, um der Christus in seinem großen hohepriesterlichen Gebet gebetet hat. Es ist ein Aufruf, sich daran zu erinnern, dass der Geist noch immer atmet, dass die gläubige Lehre noch immer singen kann und dass die Liebe Gottes das erste und letzte Wort der Kirche bleibt, eine Liebe, die uns nicht mit Angst oder Kontrolle in die Welt schickt, sondern mit offenen Händen und Herzen, voller Sehnsucht nach einer Kirche, die in Mitgefühl, Gemeinschaft und der mutigen Hoffnung auf eine neue Schöpfung erneuert wird.

Die erste Ordnung des Wissens
Liebe vor Sprache

Dieses Buch versucht, das wiederzuentdecken, was man die "erste Ordnung des Wissens" nennen könnte, eine Form des Wissens, die nicht menschlichen Zuschreibungen entspringt, sondern der unendlichen, verletzlichen Liebe des Schöpfers. Vom Beginn der Schöpfung bis zu ihrer verheißenen Erfüllung spricht Gott das Wort und erfüllt Himmel und Erde mit göttlicher Herrlichkeit. Diese Art des Wissens gründet auf dem Sprechen des Schöpfers und ist fortwährend davon abhängig, nicht nur in das, was wir sehen und hören, sondern auch in das, was wir wissen und wie wir wissen. Insofern kann die Lehre als eine Antwort "zweiter Ordnung" verstanden werden: die getreue Formulierung dieser göttlichen Initiative durch die Kirche, eine Grammatik, die von der ersten Ordnung der liebevollen Selbstoffenbarung Gottes geprägt ist. Dieser Rahmen versteht die Lehre als die Grammatik der göttlichen Liebe, als eine

Sprache, die aus der initiierenden Liebe des Schöpfers geboren, vom Heiligen Geist getragen und von der Kirche getreu zum Ausdruck gebracht wird.

Diese erste Ordnung des Wissens entfaltet sich als Mysterium und Gnade:

- Das Wort, das die Schöpfung ins Leben rief, ist die Liebe, die Gott ist.
- Das Wort, das Fleisch wurde, ist die Liebe, die Gott ist.
- Das Wort, das zu Pfingsten mit der Flamme der Liebe atmete, ist der Geist, der die Kirche als lebendigen, atmenden Leib Christi formte, eine Gemeinschaft unterschiedlicher Stimmen, die durch die Gnade miteinander verbunden sind und in vielen Sprachen sprechen, mit einer gemeinsamen Grammatik der göttlichen Liebe.
- Das Wort, das eine neue Schöpfung verspricht, ist die Liebe, die Gott ist, unser Anfang und unser zukünftiges Ende.

Diese Liebe, die Gott ist, ist die Quelle des Glaubens. Aus dieser göttlichen Initiative erwacht der Glaube in der Seele und findet Ausdruck im Gebet und in der Lehre. So entsteht die reaktionsfähige Grammatik der Liebe der Kirche.

Glaube als Geschenk
Vom Geist erweckt, nicht verdient

Glaube ist nicht unsere Errungenschaft. Er ist ein Geschenk Gottes, das sich radikal von einer auf Werken beruhenden Gerechtigkeit oder intellektueller Zustimmung unterscheidet. Anders als Glaube, der als Verdienst oder rationale Schlussfolgerung verstanden wird, entspringt dieses Geschenk allein der Gnade und ruft uns zu demütigem Vertrauen und inniger Beziehung zu Gott auf. Er ist nicht etwas, das wir besitzen, sondern etwas, das Gott uns gibt. Er entsteht nicht aus intellektueller Überzeugung oder persönlichem Streben, sondern aus dem Erwachen des Geistes, einem unverdienten Vertrauen, das aus göttlicher Initiative erwächst. Diese göttliche Initiative lädt die Kirche zu einer Haltung doktrineller Demut ein und erinnert uns daran, dass alle theologische Sprache zweitrangig ist und immer eine Antwort auf Gottes erstes Wort der Liebe.

Glaube entsteht nicht aus dem Inneren, sondern aus der Begegnung. Er ist die sanfte, aber unerschütterliche Gewissheit, von Gott erkannt, gesehen und geliebt zu werden. Er ist das liebevolle Flüstern des Geistes, der uns beim Namen ruft, bevor wir auch nur ein Wort sprechen.

Gebet und der Atem
Die Grammatik des Vertrauens des Geistes

Glaube entsteht im Gebet und in der Liebe, doch selbst das Gebet ist nicht zunächst eine menschliche Handlung. Das Gebet ist der Atem des Geistes im Herzen, der Ehrfurcht, Hingabe und Vertrauen entfacht und das Gemeinschaftsleben der Kirche durch gemeinsame Rhythmen von Anbetung, Bekenntnis, Hoffnung und Ehrfurcht, Hingabe und Vertrauen prägt, bevor ein Glaubensbekenntnis abgelegt oder ein Wort gesprochen wird. Die Kirche erfindet den Glauben nicht durch theologische Formulierung; sie empfängt ihn durch die vom Geist gegebene Anbetung.

John Wesley fragte wiederholt mit pastoraler Dringlichkeit: "Ist Ihr Glaube erfüllt von der Kraft der Liebe Gottes?" Für Wesley ist diese Liebe niemals sentimental oder abstrakt. Es ist katholische Liebe, die dreieinige Liebe, die vom Vater ausgeht, sich im Sohn offenbart und durch den Heiligen Geist in unsere Herzen strömt. Diese göttliche Liebe ist keine Lehre, die es zu definieren gilt, sondern ein Feuer, das es zu entfachen gilt.

Charles Wesley fängt diese Vision in seinem Kirchenlied ein:

O göttliche Liebe, wie süß bist du!
Wann werde ich feststellen, dass mein williges Herz ganz von dir
eingenommen wird?

Dies ist kein Aufruf zu doktrinärer Präzision, sondern eine Bitte an den lebendigen Gott, in unserem Herzen zu wohnen und in uns eine verkörperte Grammatik der Liebe zu formen, die über bloße Worte hinausgeht.

Liebe vor Glauben

Liebe geht dem Glauben voraus. Anbetung geht der Artikulation voraus. Wir werden zum Glauben hingezogen; wir erschließen ihn uns nicht durch Argumente. Glaube entsteht nicht durch menschliche Logik oder die bewusste Entscheidung zu glauben, sondern durch göttliche Liebe. Wie der Apostel Paulus schreibt: "Gottes Liebe ist ausgegossen in unsere Herzen durch den Heiligen Geist, der uns gegeben ist" (Röm 5,5). Für die Wesleys ist diese Ausgießung nichts Geringeres als die Innewohnen der gesamten Dreifaltigkeit.

Der Glaube mag im Herzen geboren werden, doch er wird im Leib Christi genährt, in der Kirche, dem lebendigen, atmenden Leib Christi. Gemeinsame Bräuche, gemeinschaftlicher Gottesdienst und gegenseitige Liebe lassen die Lehre nicht als private Überzeugung entstehen, sondern als eine gemeinsame, von der Gnade geprägte Sprache. John Wesley betonte: "Es gibt keine Heiligkeit außer sozialer Heiligkeit." Ein christliches Leben kann nicht isoliert aufrechterhalten werden. Die Kirche ist die Schule der Liebe, der Lebensraum der Gnade, die Wohnstätte, in der Gläubige durch Wort, Tisch und tägliches Leben nach dem Ebenbild Christi geformt werden.

Das Wort vor den Worten
Der Schöpfung zuhören, die Gott liebt

Bevor die Kirche ihre Glaubensbekenntnisse aussprach, sprach das Wort bereits. Das Wort, durch das alles geschaffen wurde, hat nie geschwiegen. Die Schöpfung selbst ist das erste Sakrament der Schöpfung des Schöpfers: Berge und Flüsse, Tiere und Bäume, Sonne und Sterne – sie alle geben der Herrlichkeit des Schöpfers Ausdruck, ohne dass menschliche Worte nötig wären. Wie der Psalmist sagt: "Ein Tag spricht dem anderen, und eine Nacht verkündet der anderen Erkenntnis" (Psalm 19,2).

Die Schöpfung spricht eine Grammatik, die älter ist als die Theologie, eine Doxologie, die der Lehre vorausgeht. Die Lehre ersetzt nicht das Zeugnis der Schöpfung; sie antwortet darauf. Sie ist der treue Versuch der Kirche, zuzuhören, zu benennen und zu wiederholen, was von Anfang an verkündet wurde: dass Gott Liebe ist. Auf diese

Weise wird die ewige Rede des Wortes zum grundlegenden Impuls für die Aufgabe der Kirche, die Lehre zu artikulieren – nicht um das Mysterium zu definieren, sondern um an seinem Lob teilzuhaben und seine Gegenwart zu verkünden. Denken Sie darüber nach!

Es ist die Disziplin des Wartens, ohne zu greifen, bis das Wort spricht. Aus dieser Haltung heraus kann Lehre weder Kontrolle noch Eroberung sein. Sie muss weitreichend und ehrfürchtig sein. Sie muss aus Staunen entstehen und niemals als Gewissheit. Lehre ist die treue Grammatik der Liebe Gottes. Sie entsteht aus der ehrfürchtigen Aufmerksamkeit gegenüber einer Welt, die bereits Gottes Namen ausspricht. Sie ist keine Erfindung der Kirche, sondern ihre demütige Antwort.

Lehre und Glaubensbekenntnis sollen diese "erste Ordnung des Wissens" nicht ersetzen, sondern unserer Erkenntnis in Liebe Gestalt verleihen und der Kirche helfen, sich an das zu erinnern, was sie empfangen hat, und es zu bekennen. Die Glaubensbekenntnisse sollten nie das Mysterium in Formeln fassen, sondern das Zeugnis der Kirche für die in Christus offenbarte Liebe Gottes schützen, eine Liebe, die bereits in der Schöpfung singt und im Gebet atmet.

Historisch gesehen folgte die Lehre der Bewegung des Glaubens. Die Kirche begann nicht mit der Definition Christi, sondern mit seiner Anbetung. Die ersten Christen waren vom Leben des Geistes erfüllt, lange bevor sie Worte fanden, um es zu beschreiben. Die Lehre kam später, nicht um dieses Leben einzuschränken, sondern um es treu zu bezeugen. Die Aufgabe der Lehre besteht darin, die Grammatik der Liebe Gottes in unsere Vorstellung und Hoffnung auf Gottes geliebtes Reich auf Erden wie im Himmel einzuweben.

Damit kehren wir zum Kern der zentralen Aussage dieses Buches zurück: Lehre ist die getreue Grammatik der Liebe Gottes, eine Sprache, die aus Liebe geboren, von Liebe geformt und uns zur Liebe zurückführt. Sie ist eine Art zu sprechen, die aus Liebe entsteht, der Liebe dient und zur Liebe zurückführt. Sie verschweigt das Geheimnis nicht, sondern lädt uns ein, darin zu verweilen. Sie beginnt nicht mit Worten, sondern mit dem Wort, das Fleisch wurde, und mit der Schöpfung, die noch immer die glorreiche Gegenwart ihres Schöpfers in sich trägt. Lehre wird Fleisch, um die getreue Grammatik der Liebe Gottes zu erlernen und alles zur Neuen Schöpfung zu führen.

Dieses Buch ist ein kleines Echo dieser Liebe und versucht, die Grammatik der fleischgewordenen Liebe zu lernen und zu sprechen, das eigentliche Thema der fleischgewordenen Lehre. Ich bete darum, dass wir gemeinsam lernen, sie treu zu sprechen.

Kapitel Eins
Von der Kommunion zum Glaubensbekenntnis

*Sich zum christlichen Glauben zu bekennen bedeutet, in die
Sprache des Geistes hineingezogen zu werden, eine Sprache, die
vom Wort geformt, in der Anbetung genährt und auf die Liebe
ausgerichtet ist.*
Rowan Williams
*"Gott ist Liebe, und wer in der Liebe bleibt, der bleibt in Gott und
Gott in ihm." (1. Johannes 4,16)*

Die Kirche glaubt, weil sie dazugehört

Bevor die Kirche ein Glaubensbekenntnis hatte, gab
es ein Mahl. Bevor die Lehre niedergeschrieben wurde,
wurde das Brot gebrochen – ein Mahl, das den Keim der Liebe
legte, der später durch die Lehre Ausdruck verliehen werden
sollte. Die ersten Christen versammelten sich nicht, um über
Lehren zu debattieren, sondern um das Leben zu teilen, zu
beten, sich zu erinnern und zu hoffen. Glaube begann nicht
mit einem Glaubensbekenntnis. Er begann mit einer
Begegnung: dem auferstandenen Christus inmitten eines
gebrochenen, verwirrten und freudigen Volkes.

Diese Ordnung ist wichtig. Das Muster christlicher
Wahrheit wird nicht von oben auferlegt, sondern entsteht aus
der gelebten Erfahrung der Kirche. Die Lehre folgt der Gestalt
des Evangeliums selbst, entspringt der Begegnung mit dem
auferstandenen Christus, wird in der Gemeinschaft genährt
und findet Ausdruck in den Bekenntnissen der Gläubigen.
Was die Kirche glaubt, lehrt und bekennt, ist nichts anderes
als das Evangelium. Sie erfindet die Wahrheit nicht; sie
antwortet auf die bereits empfangene Wahrheit.

Lehre entsteht, wenn die Kirche bezeugt, was sie
bereits im Heiligen Geist empfangen und erfahren hat. Das
bedeutet, dass die Lehre nicht die Kirche ausmacht; es würde
dem Muster der christlichen Wahrheit widersprechen, etwas
anderes zu behaupten. Vielmehr glaubt die Kirche, weil sie
darauf vertraut, zu Christus zu gehören. Die Kirche glaubt

nicht, um dazuzugehören. Sie ist bereits in den lebendigen, atmenden Leib Christi eingegliedert, der vom Heiligen Geist entflammt ist.

Aus dieser Gemeinschaft der Zugehörigkeit spricht die Kirche aus, was sie tief in ihrem Innern weiß: dass Jesus Christus der Herr ist, dass Gott Liebe ist und dass der Geist noch immer wirkt. Glaubensbekenntnisse und Lehren erzeugen keinen Glauben, sie bekennen ihn. Das Glaubensbekenntnis macht oder definiert die Kirche nicht; der Geist bringt beides hervor. Die Kirche, lebendig im Geist, spricht die Wahrheit des Evangeliums aus, indem sie ihren Glauben durch das Glaubensbekenntnis bekennt und nicht aufgrund des Glaubensbekenntnisses.

Die Kirche als "neue Wohnstätte Gottes im Geist", so John Wesley, sollte immer die Einheit und Gemeinschaft des dreieinigen Lebens widerspiegeln. Ihre ersten Glaubensbekenntnisse bezeugten nicht nur, was die Christen glaubten, sondern auch, wie sie dazugehörten. Lehre war nicht nur eine Beschreibung des Glaubens. Sie war die Grammatik der Liebe, eine Art zu sprechen und zu leben, die die Identität, die Beziehungen und die Praxis der Kirche prägte, durch den Glauben an Gott teilzuhaben.

Eine lebendige Tradition wird zum Götzen, wenn sie zum Mittelpunkt der Anbetung wird. Sie wird zu einem Symbol, wenn sie sich von der Tradition löst und in ihrer Anbetung fehlgeleitet wird. Sie wird jedoch zu einer Ikone, wenn sie an der Wirklichkeit teilhat, auf die sie in ihrer Anbetung hinweist. Wenn die Lehre in Gemeinschaft und Gebet verwurzelt ist, dient sie als Ikone und hat Anteil an der göttlichen Liebe. Wird sie jedoch vom Leben des Geistes in der Kirche getrennt, kann sie zu einem Symbol oder sogar zu einem Götzen verkommen. In diesem Sinne sollen die Glaubensbekenntnisse nicht durch Mauern verschlossen werden, sondern Fenster öffnen, die uns für das Mysterium öffnen. Sie bieten eine gemeinsame Sprache, die in Gebet und Gemeinschaft geformt wurde. Diese Sprache entsteht nicht als Grenze, sondern als Einladung und spiegelt die Behauptung dieses Kapitels wider, dass die Lehre aus der gelebten Erfahrung des Geistes in der Kirche entsteht. Durch diese Erfahrung singt, klagt und verkündet die Kirche die Liebe Gottes, die alles zusammenhält.

Deshalb konnte John Wesley von der ontologischen Priorität der Liebe Gottes in allen Dingen sprechen. Für Wesley war die Lehre nie dazu da, zum Schweigen zu bringen oder auszuschließen, sondern mit der Sprache des Glaubens zu sprechen, Hoffnung zu wecken und heilige Liebe auszudrücken. Der Geist, der die Kirche zu Pfingsten entzündete, entzündet in uns weiterhin dasselbe Feuer der Liebe Gottes: einen Glauben, der in der Kommunion beginnt und sich in Beichte, Doxologie und gemeinsames Leben in Liebe ausbreitet. Die Lehre ist also die treue Grammatik der göttlichen Liebe, eine Grammatik, die die Kirche darauf vorbereitet, den Geist zu empfangen und auf ihn zu antworten, der uns die Worte des Glaubens gibt – eine vom Geist gegebene Antwort, die aus der Gemeinschaft der Kirche mit Gott erwächst, nicht als Voraussetzung des Glaubens, sondern als dessen sich entfaltender Ausdruck.

Der Geist gibt die Worte

Der Geist, der der Kirche ihr Leben gibt, verleiht ihr auch die Sprache der Treue. Die Lehre beginnt nicht in der Akademie oder am Ratstisch. Sie beginnt, wenn jemand irgendwo sein Herz Gott öffnet und feststellt, dass der Geist bereits in ihm betet. Wie Paulus schreibt: "Der Geist tritt mit unaussprechlichem Seufzen ein" (Römer 8,26).

Die Lehre beginnt immer im Gebet, denn der erste Anfang des Glaubens im Herzen ist Vertrauen. Dieses Vertrauen ist zwar zutiefst persönlich, wird aber stets durch das gemeinschaftliche Leben der Kirche, ihren Gottesdienst und die vom Geist erfüllte Erinnerung an Gottes Volk geprägt und erweitert. Vertrauen ist die reinste Form des Glaubens, und dieses Geschenk des Glaubens ist das Fundament der Liebe. Es ist das Vertrauen, dass Gott uns kennt und liebt.

Selbst wenn wir um Glauben bitten, weil wir ihn noch nicht kennen, ist dieses Bitten selbst ein Zeichen dafür, dass der Geist bereits in uns wirkt. Bevor wir wissen, was wir glauben sollen, wissen wir, was es heißt, sich nach Gott zu sehnen, zu seufzen und nach ihm zu greifen. Dieses Sehnen ist bereits eine Art von Wissen, ein Wissen, das aus dem tiefsten Wirken des Geistes in uns geboren wird. So beginnt die Lehre im Gebet, einem Vertrauen, das, obwohl zutiefst persönlich, stets durch das Gemeinschaftsleben der Kirche, ihren Gottesdienst und die vom Geist inspirierte Erinnerung an Gottes Volk geprägt und erweitert wird.

John Wesley verstand dies gut. Er fragte immer wieder: "Ist Ihr Glaube erfüllt von der Energie der Liebe Gottes?" Für Wesley ist wahrer Glaube immer ein Geschenk des Geistes, und sein Beweis beschränkt sich nicht auf eine Reihe richtiger Überzeugungen, sondern beruht auf der heiligen Liebe Gottes, die die gesamte Schöpfung durchdringt. Sowohl John als auch sein Bruder Charles nannten dies "katholische Liebe", Liebe, die aus dem dreieinigen Leben Gottes entspringt und alles umfasst. Die katholische Liebe ist die Seele der Lehre der Kirche und fungiert als theologische Grundlage für eine Lehre, die weitreichend statt einschränkend ist, eine Liebe, die die Kirche dazu aufruft, Vielfalt anzunehmen, Gastfreundschaft zu verkörpern und ihren Glauben auf eine Weise zu bekennen, die das umfassende Herz des dreieinigen Gottes widerspiegelt, eine Liebe, die weitreichend, inklusiv und missionarisch ist, die aus dem Leben des dreieinigen Gottes entspringt und sich nach außen ausstreckt, um die gesamte Schöpfung in Gnade und Gemeinschaft zu umfassen.

Dies kam in der Poesie von Charles Wesley und den Hymnen der frühen Methodisten zum Ausdruck, die der tiefen Zuneigung von durch die Gnade erweckten Herzen Ausdruck verliehen. Seine Poesie brachte zum Ausdruck, was vom Heiligen Geist erweckte Herzen bereits wussten: dass die Dreifaltigkeit kein Rätsel ist, das es zu lösen gilt, sondern eine Lobpreisung, die es zu singen gilt. Charles wusste, dass wir uns unseren Weg zu Gott nicht durch Vernunft erschließen. Schönheit zieht uns an, Freude erweckt uns, Liebe ruft uns.

Der Glaube, einmal vom Heiligen Geist erweckt, kann nicht schweigen. Er brennt, aus der Flamme der Liebe zu sprechen. Und was er spricht, sind nicht bloße Behauptungen, sondern Lobpreisungen. Treue Lehre ist in diesem Sinne nicht das Produkt von Deduktion oder Berechnung. Sie ist die Frucht der Gemeinschaft. Sie ist die Kirche, die tief mit dem Heiligen Geist atmet und der Liebe, die sie empfangen hat, Ausdruck verleiht – eine vom Heiligen Geist geformte Grammatik der Gemeinschaft, die prägt, wie die Kirche in gläubiger Antwort erkennt, betet und lebt.

Deshalb ist die Lehre untrennbar mit dem Gefühlsleben des Geistes verbunden. Sie entsteht dort, wo Vertrauen auf Liebe trifft, wo Sehnsucht zu Sprache wird. Die Lehre antwortet auf Sehnsucht nicht mit Abgeschlossenheit, sondern mit Gemeinschaft, die die Ausgießung des Geistes zu Pfingsten vorwegnimmt, als die Sprache der Liebe viele Sprachen fand. Sie lehrt uns, auf unser tiefstes Seufzen zu hören und mit der Grammatik der Gnade zu antworten. Lehre zu lehren bedeutet also nicht, das Geheimnis Gottes zu erklären, sondern andere in das Lied einzuladen. Es heißt: "Kommt, lasst uns dem Herrn singen, lasst uns dem Felsen unseres Heils jubeln!" (Psalm 95,1). Es heißt: "Schmeckt und seht!" (Psalm 34,8). Kommt und hört zu. Kommt und singt.

Deshalb ist die Pfingstgeschichte so zentral. Die Ausgießung des Geistes war kein lautloses Ereignis. Wie könnten ein gewaltiger Sturm und der Lärm vieler Sprachen verstummen? Pfingsten, diese "neue Behausung Gottes im Geist" (Wesley), bringt viele verschiedene Arten in die Welt, das Geheimnis der unendlichen, verletzlichen Liebe, die Gott ist, zu erfassen. Und in jeder Sprache fand das Evangelium einen neuen Akzent, eine neue Kadenz, eine neue Art zu sagen: "Gott ist Liebe." Diese Vielfalt ist keine Bedrohung der Einheit, sondern ihre Erfüllung. Sie spiegelt die relationale Einheit der Dreifaltigkeit wider, vielfältig und doch eins in der Liebe. Die vom Geist geprägte Lehre spiegelt diese Harmonie wider und lädt die Kirche ein, mit einem Herzen in vielen Sprachen zu sprechen. Der Geist löscht Unterschiede nicht aus, sondern verwandelt sie in Harmonie. Die Kirche bekennt nicht so sehr in einer Sprache, als dass sie das Geschenk der Vielfalt feiert und in Harmonie singt: viele Stimmen, eine Liebe.

Lehren zu lehren bedeutet also nicht, das Geheimnis Gottes zu erklären, sondern andere zum Gesang einzuladen, einem Gesang, dessen Melodie vom Heiligen Geist geprägt ist und dessen Harmonie vom Leben des dreieinigen Gottes widerhallt. Und die Quelle dieses Gesangs, der Melodie und Harmonie unseres Bekenntnisses, ist der dreieinige Gott, dessen Liebe in uns wohnt. Der Geist, der uns die verschiedenen Sprachen der vereinenden Liebe schenkt, ist derselbe Geist, der uns in das Leben von Vater, Sohn und Heiligem Geist hineinzieht – "Dreifaltigkeit" in der Einheit und Einheit in der Dreifaltigkeit (Athanasius).

Die Lehre als Geschenk des dreieinigen Lebens

Die Lehre entspringt nicht der Abstraktion; sie entspringt dem Herzen der trinitarischen Liebe, einem gefühlsbetonten Rhythmus göttlicher Gemeinschaft, der den Gesang des Heiligen Geistes widerspiegelt, der bereits in der Kirche erklingt. Sowohl Charles als auch John Wesley lehrten, dass wir die verwandelnde Kraft der Gnade erst dann vollständig erkennen können, wenn "die ganze Dreifaltigkeit in unsere gläubigen Herzen einzieht". Das gläubige Herz, das vertraut, ist Teilhabe an Gottes vertrauensvollem Leben und seiner Liebe, einer trinitarischen Bewegung, in der der Heilige Geist die Gläubigen in das innige Vertrauen zwischen Sohn und Vater hineinzieht, uns im Rhythmus der göttlichen Gemeinschaft formt und unseren Glauben in der gelebten Gnadenerfahrung gründet, die John Wesley so anschaulich als die innewohnende Liebe Gottes beschrieb.

In Charles Wesleys Hymne "O göttliche Liebe, wie süß bist du" hören wir diese Sehnsucht nach der Fülle der Dreeinigkeit, die in uns wohnt: "Gefestigt auf dem Athanasianischen Hügel, brauche ich noch festeren Grund / Der mir allein genügen kann, / Die ganze geheimnisvolle Dreifaltigkeit / Die mein Herz bewohnt." Glaube ist nicht einfach nur Wissen über Gott. Es ist Gott, der in uns wohnt und wir in Gott. Hier beginnen wir, die wahre Grammatik der Liebe Gottes zu sprechen.

Dies ist die Logik der Menschwerdung, das verkörperte Muster göttlicher Offenbarung und Teilhabe. Jesus kam nicht, um eine abstrakte und losgelöste Lehre zu verbreiten. Jesus kam, um die Liebe Gottes in menschlicher

Gestalt zu leben. Damit offenbarte Christus nicht nur, wer Gott ist, sondern auch, was es bedeutet, wahrhaftig Mensch zu sein. Die Herabkunft des Geistes zu Pfingsten setzt diese Logik der Menschwerdung fort. Der Geist wohnt im Leib Christi, nicht als vage Präsenz, sondern als Feuer der Liebe, das in die Herzen der Menschen strömt.

Darüber hinaus offenbart die Soteriologie des Evangeliums das Muster, nach dem Glaube, Hoffnung und Liebe empfangen und gelebt werden. So wie wir berufen sind, heilig zu sein, wie Gott heilig ist, oder vollkommen zu sein, wie unser himmlischer Vater vollkommen ist, wissen wir, dass Gott alles, was er gebietet, auch gibt und erfüllt. Somit formt sich die Lehre, die die treue Grammatik der Liebe Gottes ist, aus der Logik der göttlichen Gnade. Wir lieben nur, weil Gott uns zuerst geliebt hat; wir sind nur heilig, weil Gott uns heilig macht. So wird Christi eigene Treue (*pistis Christou*) zur Quelle und Form unseres gläubigen Wissens und Liebens und gründet die Entwicklung der Lehre nicht auf menschlicher Initiative, sondern auf Christi vollkommenem Vertrauen und seiner Liebe. Dieses partizipative Modell offenbart die Lehre als eine vom Geist geformte Antwort, ein Echo der eigenen relationalen Treue Christi, die in der Kirche gelebt wird. Wie Paulus sagt: "Ich lebe in der Treue des Sohnes Gottes, der mich geliebt und sich für mich hingegeben hat" (Galater 2,20).

Wenn die Lehre von dieser Logik göttlicher Initiative losgelöst ist, wird sie zu "schlechtem Code", einem ungeordneten Skript, dem die Syntax der Liebe des Geistes fehlt, die allein den Glauben in der Praxis beleben kann – wie ein korrupter Algorithmus, der unser Leben in die Irre führt. Doch wenn sie im Evangelium verankert ist, wird die treue Lehre zu lebendigem Code: einem vom Geist erfüllten Muster für Wissen, Liebe und Handeln. Sie ist Katechese, geschrieben in der Grammatik der Liebe Gottes.

Deshalb sprach John Wesley oft von der Wiedergeburt als von der Eingewöhnung des dreieinigen Gottes in unser Herz. Erlösung ist nicht nur Vergebung; sie ist die göttliche Innewohnenskraft, die uns zu neuen Geschöpfen macht. Und diese Innewohnenskraft ist immerwährend. Sie lässt heilige Gefühle entstehen, Werke der Barmherzigkeit, Gebetsgewohnheiten und Lehren, die die vollkommene Liebe Gottes benennen, der wir vertrauen. Das Werk des Glaubens besteht darin, auf die innewohnende Liebe zu vertrauen, die nicht nur vergibt, sondern uns einlädt, an der Liebe Gottes teilzuhaben, die unsere Herzen entflammt und uns zu neuen Geschöpfen macht.

Die Lehre ist also nicht etwas, das die Kirche schafft. Sie ist etwas, das der Heilige Geist hervorbringt. Sie ist die Art und Weise, wie die Liebe in der Sprache gläubiger Herzen Gestalt annimmt.

Es ist der Versuch der Kirche zu benennen, was es bedeutet, in das dreieinige Leben Gottes eingebunden zu sein – ein Akt, der stets vorläufig ist und sich ständig entfaltet, während die Kirche durch den Heiligen Geist immer tiefer in das Geheimnis der göttlichen Liebe hineingezogen wird. Wir glauben, wem wir vertrauen, weil wir wissen, wem wir angehören. Und wenn wir wissen, dass wir dazugehören, bekennen wir, was wir über den Einen, dem wir angehören, glauben und vertrauen. Die Lehre ist die Grammatik dieser Zugehörigkeit, wenn der Heilige Geist die Kraft der Liebe Gottes in unsere Herzen gießt.

Gregor von Nazianz, wegen seiner tiefen theologischen Einsichten oft "der Theologe" genannt, legte besonderes Augenmerk darauf, wie vorsichtig wir im Sprechen über Gott sein müssen, der im Wesentlichen jenseits des menschlichen Fassungsvermögens liegt. In seinen *"Theologischen Reden"* warnt Gregor, wir müssten "still sein", wie im Gebet, um Gott zu erkennen, da unsere menschlichen Wege, Gott zu erkennen, "schwach und kraftlos" seien. Und doch bedeutet Schweigen, die Wahrheit zu vernachlässigen, die aus der Stille erwächst. Diese Überzeugung hallt durch die gesamte Kirchengeschichte und erinnert uns daran, dass Lehre nicht bloß intellektuell, sondern doxologisch ist. Sie entspringt der göttlichen Innewohnenskraft und soll den Gott verherrlichen, der unter uns wohnt.

Der Heilige Geist verdeutlicht nicht einfach die Lehre; er macht sie möglich. Er ist die Voraussetzung für die Möglichkeit jeder gläubigen Rede über Gott. Ohne den Geist fehlen uns die Worte, um vom Glauben zu sprechen, und dann wird unsere Lehre brüchig, reduziert auf Argumente oder Ideologien, abgeschnitten von der dynamischen und doxologischen Rede des Geistes, die das Zeugnis der Kirche belebt und die Kirche zu tieferer Gemeinschaft aufruft. Doch wenn sie im Feuer der Liebe Gottes geschmiedet wird, wird sie zu einem lebendigen Wort, einem Geschenk, das uns mit Christus und untereinander verbindet.

Auf diese Weise ist die Lehre nichts Äußerliches an der Erlösung; sie ist eine ihrer Früchte. Die Lehre ist nicht der Weg zur Gnade, sondern Ausdruck eines Lebens voller Glauben, das von der Gnade umfangen ist. Und diese Gnade ist nichts Geringeres als das Leben des dreieinigen Gottes, das durch Christus im Geist mit der Welt geteilt wird.

Vom Dogma zum lebendigen Glauben

In diesem Kapitel verwende ich Begriffe wie Lehre, Dogma, Glaubensbekenntnis und Grammatik der Liebe, um den treuen Versuch der Kirche zu beschreiben, von der göttlichen Liebe zu sprechen, die sie empfangen hat. Obwohl sich diese Begriffe in theologischen Nuancen unterscheiden, dienen sie alle einem gemeinsamen Zweck: der Kirche zu helfen, dem Glauben Ausdruck zu verleihen, der in Gemeinschaft mit dem dreieinigen Gott lebt.

Das Wort "Dogma" klingt in vielen Ohren kalt und weckt eher Starrheit, Ausgrenzung oder Kontrolle als Ehrfurcht, Liebe und Zeugnis. Doch ursprünglich fungierte das Dogma als doxologisches Bekenntnis der Kirche, eine vom Geist geborene Verkündigung, die in Gebet und Gemeinschaft Gestalt annahm, und nicht als fester Punkt oder unflexible Forderung. Dogma im frühesten Sinne hatte nie Starrheit zu bedeuten. Es ging um das treue Zeugnis der Kirche für das in Christus offenbarte Geheimnis Gottes. Dogma sollte nie einengen; es sollte den Glauben Christi bekennen, den die Kirche empfangen hatte, einen Glauben, der im Geist geboren und in der Gemeinschaft erfahren wurde, und nicht als bischöfliche Kontrolle konstruiert.

Das Dogma der Kirche ist ihr Glaube. Die Glaubensbekenntnisse sind keine Randerscheinungen des christlichen Lebens; sie sind die konzentrierte Erinnerung der Kirche, bewahrt und belebt durch den Heiligen Geist, der die gelebte Gotteserfahrung der Kirche durch Kampf, Gnade und Gebet weiterträgt – eine Erinnerung, die im Gebet geformt, durch Kampf geläutert und durch Liebe gestärkt wird. Sie sollten nie Gespräche beenden, sondern die Gemeinschaft vertiefen. Lebendige Dogmen dienen der Kirche als Gnadenmittel und bieten eine Sprache, die der Gemeinschaft auf ihrem Weg zu Gott Halt und Orientierung gibt.

Das Wesen des Glaubens ist die Liebe, und die Grammatik dieser Liebe ist die treue Lehre. Lehre und Glaube gehen Hand in Hand, denn was die Kirche glaubt, ist keine statische Aussage, sondern dynamische Gemeinschaft, beseelt vom Heiligen Geist und ausgedrückt durch die Grammatik der Liebe, die das gemeinsame Leben der Kirche in Christus prägt. Die Glaubensbekenntnisse verleihen diesem Glauben Ausdruck, und die Kirche bekennt sich zu ihnen – nicht um dazuzugehören, sondern weil sie bereits dazugehört. Der Heilige Geist, der die Kirche mit dem Glauben Christi beschenkt hat, führt sie weiterhin zu einer tieferen Teilhabe an der Liebe Gottes. Und weil diese Liebe unendlich und verletzlich ist, wächst und verändert sie sich ständig und dehnt sich in Zeit, Raum und Fleisch aus.

Im Neuen Testament drückt der paulinische Ausdruck "Glaube Christi" (*pistis Christou*) ein zutiefst partizipatives Verständnis von Erlösung aus. Es ist nicht nur der Glaube an Christus, sondern die Treue Christi, das gelebte Vertrauen und der Gehorsam des Sohnes gegenüber dem Vater, in den die Kirche hineingezogen wird. Diese Unterscheidung ist von zentraler Bedeutung für das Verständnis von Lehre nicht nur als Glaube an Gott, sondern als Teilhabe an dem Glauben selbst, den Christus in Vertrauen und Liebe ausübt. So wie Christus auf den Heiligen Geist vertraut, so muss es auch die Kirche tun. Andernfalls verliert die Kirche, wenn sie aufhört, im Heiligen Geist zu atmen, der sie zum lebendigen, atmenden Leib Christi macht, ihren Glauben und die Fähigkeit, in der Grammatik der Liebe zu sprechen, und stirbt schließlich.

John Wesley wusste, dass Glaube nicht unser Eigentum ist, sondern Gott uns schenkt. Er reduzierte Glauben nicht auf geistige Zustimmung. Vielmehr sah er wahren Glauben als lebendiges Vertrauen in die Liebe Gottes, die der Heilige Geist in unsere Herzen gießt. Deshalb bestand er darauf, dass jede Lehre "praktische Göttlichkeit" sein müsse, eine Sprache, die von Gnade geprägt und auf heilige Liebe ausgerichtet sei. Treue Lehre muss Gestalt annehmen und in der Welt leben, um ihr Leben zu erhalten.

Doch Dogmen können verzerrt werden. Wenn sie zu einem Werkzeug der Ausgrenzung oder Herrschaft werden, verlieren sie ihre Funktion als Gnadenmittel. Sie verhärten sich. Sie vergessen den Geist. Sie werden zum Traditionalismus, zu dem, was Jaroslav Pelikan den "toten Glauben der Lebenden" nannte. Doch Tradition ist auch ein Entwicklungsprozess, wie ein Leib, der unter der Führung des Geistes heranreift, der die Kirche in eine immer tiefere Teilhabe an der sich entfaltenden Liebe und eschatologischen Verheißung Gottes hineinzieht. Die Lehre gibt ihre Ursprünge und Überzeugungen nicht auf, sondern vertieft sie im Laufe ihres Wachstums. Sie bekräftigt die Wahrheit Gottes in Christus durch den Geist (Gottes "zwei Hände", Christus und der Geist) in immer größerer Fülle. Diese Vision von Wachstum bekräftigt, dass Lehre nicht statisch ist, sondern eine sich entfaltende Teilhabe am Wirken des Geistes, die mit der Kirche reift, während sie tiefer in die Liebe und das Mysterium des dreieinigen Gottes hineingezogen wird. Diese hoffnungsvolle Vision lädt die Kirche ein, Glauben und Vertrauen zu verkörpern, dass der Geist die Glaubenslehren nicht verfallen lässt, sondern die Kirche treu zu einer umfassenderen Teilhabe am Mysterium Christi führt. "Wo der Geist ist, da ist die Kirche Christi", ruft der heilige Irenäus aus (*Gegen die Häresien*).

Das Problem besteht nicht darin, dass die Kirche Dogmen hat. Das Problem entsteht, wenn diese Dogmen nicht mehr Teil der lebendigen Tradition der Kirche sind, wenn sie vergessen, dass der Heilige Geist die belebende Kraft der Tradition ist, die ihrem Zeugnis über Generationen hinweg Vitalität und Gnade einhaucht, wenn sie aufhören, mit der Vitalität des Geistes zu atmen. Dieser Bruch entsteht, wenn wir vergessen, dass der lebendige, atmende Leib Christi, die katholische Kirche, berufen ist, zu wachsen und sich zu verändern, während sie in die Verheißung der Neuen Schöpfung hineingezogen wird. Und so wie die Kirche reift und sich verändert, müssen auch die kanonischen Gaben des Geistes, die Heilige Schrift und die Glaubensbekenntnisse, an dieser sich entfaltenden Transformation teilhaben. Sie sind keine statischen Artefakte, sondern lebendige Zeugen der unendlichen, verletzlichen Liebe Gottes, geprägt von der geistgeborenen Reise in die von Gott verheißene Zukunft und prägen diese auch.

Die Kirche verwirft oder ersetzt die Glaubensbekenntnisse nicht, genauso wenig wie sie den Kanon der Heiligen Schrift verwirft oder ersetzt. Doch sie muss ihren treuen Gebrauch dieser kanonischen Gaben ständig reformieren. Denn sie enthalten nicht die Fülle der unendlichen, verletzlichen Liebe Gottes; vielmehr weisen sie darauf hin, treiben uns in sie hinein und müssen selbst manchmal im Lichte dieser Liebe neu interpretiert werden. Die uns in der Heiligen Schrift und im Glaubensbekenntnis anvertraute Verheißung Gottes bedarf der vom Geist geleiteten Korrektur – nicht um die Vergangenheit auszulöschen, sondern um sie treuer zu erfüllen. In der gesamten Kirchengeschichte gibt es Momente, in denen überlieferte Bräuche neuen Interpretationen weichen müssen, in denen der Geist den Leib zur Buße zwingt, das Überlieferte neu zu sehen und neu zu sprechen. Von der Neuinterpretation der Tora im Hebräerbrief bis hin zur gelebten Realität der heutigen Kirche gilt dieses Muster. "Die zukünftige Herrlichkeit hat bereits begonnen", erinnert uns John Wesley. Nichts vom Glauben der Kirche, weder in der Vergangenheit, Gegenwart noch Zukunft, geht verloren oder wird verworfen. Aber alles wird verklärt und erneuert, damit es im Licht der Neuen Schöpfung gedeihen kann.

Der Glaube wächst nicht gleichmäßig oder einheitlich oder universell für jeden auf die gleiche Weise nach einem einheitlichen Zeitplan. Die Liebe schlägt auf unterschiedliche Weise Wurzeln, in unterschiedlichen Stimmen, zu unterschiedlichen Zeiten. Aber sie wächst immer und verändert sich immer, während sie sich ausdehnt, entsprechend der expansiven Energie der göttlichen, kreuzförmigen Liebe. Der dreieinige Schöpfer hat der Kirche den treuen Gebrauch dieser Gaben, dieser Gnadenmittel, als Werkzeuge anvertraut, durch die wir zu unserer endgültigen Herrlichkeit in der Gemeinschaft mit Gott geführt werden. Die Zukunft der Schöpfung und der Kirche und die Zukunft Gottes hängen von diesem heiligen Vertrauen ab. Und mit den Worten von Charles Wesley können wir sicher sein: "Der Geist wird uns den Weg der Vorsehung nicht fehlgehen lassen." Der Geist wird treu sein. Deshalb muss auch die Kirche treu sein und den wachsenden Überzeugungen und der lebendigen Vielfalt der Sprachen, die mit einem von der Liebe Gottes beseelten Glauben zu sprechen versuchen, "keinen Schaden zufügen" (Wesley).

Die in der Kirche überlieferte Wahrheit reift mit denen, die sie annehmen. Die Lehre wiederholt sich wie die Schöpfung und erreicht im Laufe der Zeit ihre Fülle, während die Kirche tiefer in das Mysterium hineingezogen wird, das sie bekennt. Die unendliche Liebe Gottes kann nicht durch die Lehre einer Generation erschöpft oder eingedämmt werden. Deshalb besteht das Werk des Geistes nicht darin, das Überlieferte zu verwerfen, sondern es zu erleuchten, zu erweitern und neu in die Herzen und Vorstellungen der Gläubigen einzuschreiben. Die Gnadenmittel – Heilige Schrift, Glaubensbekenntnisse, Sakramente, Ikonen und Heilige – sind keine Hindernisse für das Wachstum, sondern Startrampen in das Mysterium der Liebe Gottes.

Deshalb muss die Lehre aus dem Feuer der Liebe verkündet werden, oder sie muss ganz unterbleiben. Denn nur wenn die Lehre im gemeinsamen Leben der Gemeinschaft entfacht und nicht als Kontrolle aufgezwungen wird, legt sie treues Zeugnis für den Gott ab, der die Liebe ist. Nur wenn die Worte im Gebet, im Gottesdienst und im gemeinsamen Leben der Kirche geschmiedet werden, legen sie treues Zeugnis für den Einen ab, der die Liebe ist. Die Lehre ist keine Festung, die es zu verteidigen gilt, sondern eine Flamme, die es zu pflegen und zu teilen gilt.

Lehre im Rhythmus der Gnade

Treue Lehre darf sich nie von der Kirche lösen; sie muss stets in ihr wachsen. Lehre wird nicht von oben auferlegt oder isoliert erdacht, sondern entspringt, wie bereits erwähnt, dem gemeinsamen Leben der Kirche, geprägt von Gemeinschaft und getragen von Liebe. Sie wird im Rhythmus von Gottesdienst, Gebet und gemeinsamem Leben wahrgenommen. Sie wird in der Gemeinschaft geschmiedet, durch Liebe verfeinert und vom Heiligen Geist beseelt.

John Wesley verstand dies zutiefst. Für ihn war Glaube nie eine individuelle Errungenschaft, sondern ein Geschenk der Gnade, das in die Frohe Botschaft einfließt und als gemeinschaftliches Lied wächst und sich entwickelt. Deshalb bestand er auf Klassentreffen, Musikgruppentreffen und Vereinen, denn gläubige Lehre wächst am besten in Kreisen von verletzlichem Vertrauen und beständiger Freundschaft, wo man sich mit der Heiligen Schrift auseinandersetzt, gemeinsam betet und Liebe praktiziert. Lehre entsteht nicht ohne Gnade und Demut, sondern als Gnade, die durch die Sprache gläubigen Wissens durch Liebe Gestalt annimmt – eine Grammatik der Liebe, die in der Gemeinschaft erkannt und durch das fortwährende Wirken des Geistes geformt wird, der Gottes Wahrheit durch Anbetung, Gebet und gemeinsames Leben erleuchtet. Die reiche Weisheit der Lehren der Kirche erhellt die vielen Wege des Wissens durch Liebe.

In der wesleyanischen Vision sind die Gnadenmittel nicht bloße Disziplinen, sondern Gottes großzügige Selbsthingabe, um Christus in uns zu formen. Wir erschließen uns nicht den Weg zur Wahrheit, sondern werden gemeinsam vom Geist zu ihr geführt. Wesleys Vorstellung, dass Gottes Gebote in Gottes Verheißungen gekleidet sind, folgt Augustins Gebet und spiegelt eindringlich das übergeordnete Thema des Kapitels wider, dass Gott durch die befähigende Gnade des Geistes in seinen *Bekenntnissen gibt, was er befiehlt:* "Gib, was du befiehlst, und befehl, was du willst." Als solche sind die Lehren der Kirche Gnadenmittel, die den Glauben Christi verkörpern, der von der Energie der Liebe Gottes erfüllt ist, um sicherzustellen, dass wir die

Grammatik der Liebe sprechen und Gottes verheißenes Ziel in der Neuen Schöpfung erreichen. Lehre ist in diesem Sinne keine kalte Regulierung durch starre Verhaltensregeln oder absolute Denkkategorien, sondern eine vom Geist erfüllte Artikulation, eine Grammatik der Zugehörigkeit, die uns zu einer Beziehung mit dem dreieinigen Gott einlädt. Sie ist von Gottes Gnade geprägt und auf die vollkommene Liebe Gottes ausgerichtet.

Lehre darf nicht als abstrakte Formel verstanden werden, sondern muss als verkörperte Bildung verstanden werden, wie sie sich beispielsweise in der Taufkatechese, der eucharistischen Liturgie oder der gemeinschaftlichen Klage zeigt, verwoben mit den Praktiken der Kirche in Gebet, Barmherzigkeit, Anbetung und gemeinschaftlicher Unterscheidung, die ein Leben in Gnade prägen. Die Kirche ist ein Lebensraum der Gnade, und die Lehre ist eine ihrer lebendigen Praktiken. So wie wir beten, Barmherzigkeit üben und anbeten lernen, so lernen wir auch, Gott und der gesamten Schöpfung unsere Liebe und Dankbarkeit zu bekennen. Lehre ist nicht zunächst ein Akt intellektuellen Erfassens oder einer Logik "a priori", sondern eine in Liebe empfangene Sprache. So wie wir lieben, weil Gott uns zuerst geliebt hat, so wissen wir, weil Gott uns zuerst erkannt hat. Die aus der Liebe geborene Grammatik des Glaubens wird zur Glaubenssprache der Kirche, die immer von der Gnade geprägt ist.

Und weil die Lehre im Leib Christi wächst und sich entwickelt, ist ihr Ziel nie die endgültige Vollkommenheit, sondern die vollkommene Liebe, die in Hoffnung und treuem Vertrauen auf die Verheißungen Gottes ausharrt. Die Lehre ist keine Waffe, die man führt, und kein Denkkodex, den es zu verteidigen gilt. Sie ist ein Gnadenmittel, das uns den Weg zu Gottes verheißenem Ziel weist. Sie lehrt uns, wie wir den Weg der Liebe gehen und wie wir gemeinsam gehen können. Sie nährt den Weg der Kirche in Hoffnung und Vertrauen, indem sie die Herzen zur Gemeinschaft statt zur Konformität führt, zu einem gemeinsamen Leben in Gnade und Urteilsvermögen statt zu starrer Durchsetzung einlädt und gegenseitige Wandlung statt einheitlicher Übereinstimmung fördert. Sie lehrt uns, mit demselben Glauben und Vertrauen wie Christus zu vertrauen. Lehre ohne Vertrauen ist nichts weiter als ein schlechter Kodex, eine Verzerrung, die genau den Glauben verrät, den Christus der Kirche gegeben hat.

Die Kirche ist der lebendige, atmende Leib Christi, beseelt vom Heiligen Geist und verwurzelt in der Gemeinschaft des dreieinigen Gottes. Die Lehren der Kirche müssen vom gleichen Geist erfüllt sein, der auch die Kirche entstehen lässt. Sie müssen flexibel, demütig und stets offen für das reinigende Feuer des Heiligen Geistes bleiben. Wenn unsere Lehren uns nicht zu größerer Barmherzigkeit, tieferer Demut und mehr Freude am Leben in der Welt führen, dann hören wir nicht mehr auf den, der durch sie spricht.

Die Lehre gehört der Kirche nicht als Artefakt, sondern als lebendiger Begleiter auf der vom Geist geleiteten Pilgerreise in Gottes Zukunft, beseelt vom Heiligen Geist, der das Verständnis der Kirche leitet und erneuert, während sie immer tiefer in das Geheimnis der göttlichen Liebe eindringt. Auf unserem gemeinsamen Weg tragen wir die Lehre nicht als Relikt der Gewissheit, sondern als Zeugnis der Gnade: nicht Kontrolle, sondern Liebe; nicht Angst, sondern Freude; nicht Stolz, sondern Vertrauen.

Die Zukunft der Lehre

Die Lehre ist nicht das Ende des Gesprächs, sondern die Einladung, neu zu beginnen. Sie spiegelt die Sehnsucht des Geistes nach einer neuen Grammatik der Liebe wider, die aus Hoffnung und Gemeinschaft erwächst, einer Offenheit, die aus dem fortwährenden Wirken des Geistes erwächst, die Kirche zu tieferer Treue und Liebe zu führen. Sie ist ein erstes Wort im sich entfaltenden Dialog der göttlichen Liebe, der sich über Zeit und Raum erstreckt. Die Sprache des Glaubens muss stets mit Demut und Staunen bewahrt werden, denn der Eine, den wir bekennen, ist unerschöpflich. Eine Lehre, die ihren vorläufigen Charakter vergisst, wird brüchig und ist mehr auf Bewahrung als auf Transformation bedacht.

Der Geist ist noch nicht fertig mit Reden. Die Lehre muss für das fortwährende Wirken des Geistes offen bleiben, so wie die Kirche im Konzil von Jerusalem (Apostelgeschichte

15) erkannte, wie Heiden in die Glaubensgemeinschaft aufgenommen werden konnten, ohne das volle mosaische Gesetz zu befolgen. Dieser Moment der Erkenntnis, in dem die Apostel bekannten: "Es hat dem Heiligen Geist und uns gefallen", bleibt ein Vorbild für die Offenheit in der Lehre: das Hören auf den Geist, die Tradition und das gelebte Zeugnis der Gemeinschaft im Leben von Kirche und Welt. Das heißt nicht, dass immer alles möglich ist, aber die Kirche muss immer zuhören und die Stimme des Geistes durch die Schreie der Welt, die Schönheit der Schöpfung, das Zeugnis der Heiligen und den Atem des Gebets erkennen. Die Kirche ist Gottes neue Art, in der Welt zu sein, die Wohnung des Geistes, berufen, nicht nur aus dem Vergangenen, sondern auch in Richtung des Kommenden zu sprechen.

Die Untrennbarkeit von Vergangenheit, Gegenwart und Zukunft ist grundlegend für die gelebte Lehre und spiegelt den Charakter der Liebe Gottes wider: sich entfaltend und doch beständig, stets treu und stets neu. Das Wort, das alles ins Dasein rief, ist dasselbe Wort, das Fleisch wurde und verspricht, alles neu zu machen. Der Schöpfer schuf die Schöpfung nicht einfach als statischen Behälter für göttliches Handeln, sondern als den Ort, an dem Gott seine Zukunft mit der gesamten Schöpfung teilen und ihr anvertrauen würde.

Von Anfang bis Ende ist die Schöpfung stets von Gottes Liebe durchdrungen – Liebe, die Vergangenheit und Zukunft untrennbar verbindet und sich formt, um zu wachsen, sich zu entwickeln und auszudehnen, so wie Gott es in Gemeinschaft mit der Schöpfung beschlossen hat. Vom ersten Atemzug des Schöpfers bis zum zukünftigen Wort der Neuen Schöpfung lebt, bewegt und atmet alles mit der Energie göttlicher Liebe. Deshalb ist unser Ende bereits in unserem Anfang vorhanden, und unser Anfang wartet auf seine verheißene Erfüllung am Ende. Die Lehre lebt in derselben eschatologischen Spannung. Sie ist niemals endgültig oder festgelegt, denn Gottes Liebe entfaltet sich stets. Die Lehre muss wachsen und sich verändern, nicht um ihre Vergangenheit zu verraten, sondern um die Tiefe ihrer Berufung durch die leitende Gegenwart des Heiligen Geistes zu erfüllen, der die Kirche immer tiefer in das Geheimnis der göttlichen Liebe führt: eine Berufung, die in der Liebe als interpretierender Linse der Kirche und in der Tradition als partizipatorische Gemeinschaft mit dem Heiligen Geist verwurzelt ist, der die Kirche im Laufe der Zeit tiefer in das Geheimnis Christi hineinzieht: um Zeugnis abzulegen von der Liebe, die immer mehr wird.

Wenn wir das Wort wahrhaftig hören, sind wir gezwungen, nicht mit Wiederholung, sondern mit einem neuen Wort zu antworten. Die Lehre ist daher kein Echo des gesprochenen Wortes, sondern ein gläubiges Gespräch, das Teilhabe an der göttlichen Liebe ist, die immer zu uns spricht, unsere gläubige Antwort der Liebe einfordert und wünscht. Es ist die Kirche, die mit der Sprache des Glaubens zu Gott und zur Welt antwortet, die durch die Liebe immer weiter ausgedehnt, durch das Gebet verwandelt und für das Eindringen des Geistes geöffnet wird.

John Wesley lehrte, dass alle zukünftigen Verheißungen Gottes in jedem Gebot enthalten sind. Damit unterstreicht er seine Vision von Gnade als göttlicher Initiative, die menschliches Handeln ermöglicht und die eschatologische Hoffnung der Kirche mit ihrer vom Geist befähigten Teilhabe an der Entfaltung göttlicher Liebe verbindet. Mit anderen Worten: Wenn Gott spricht, geschieht es, und die verheißene Zukunft Gottes ist bereits Wirklichkeit. Hoffnung ist daher kein vages Wunschdenken; sie ist die aktive Gegenwart des Geistes, die uns der verheißenen Fülle vollkommener Liebe entgegenführt. Wenn die Lehre von dieser glaubenserfüllten Hoffnung lebt, wird sie zum Gefäß der Vorstellungskraft und mutigen Liebe. Wahrheit ist untrennbar von Schönheit und Güte; die Lehre muss vom Glanz göttlicher Liebe erstrahlen, um treues Zeugnis abzulegen. Seine Vision theologischer Ästhetik erinnert uns daran, dass Lehre nicht bloß informieren kann; sie muss inspirieren, erleuchten und uns einladen, am Drama der Liebe Gottes teilzuhaben, das sich in Geschichte und Hoffnung entfaltet. Wenn die Lehre von Liebe geformt und durch Schönheit verklärt wird, wird sie zu einer Harmonie, die den Glanz der Wahrheit Gottes offenbart, zu einer Symphonie gläubiger Rede, die an der Doxologie teilnimmt und sich mit der Anbetung und dem Lobpreis des dreieinigen Gottes in der Kirche verbindet (die Wahrheit ist, wie Hans Urs von Balthasar oft sagte, symphonisch!). Die Lehre auszusprechen bedeutet also, die Schönheit der liebevollen Hingabe Gottes an die Welt widerzuspiegeln.

In diesem Licht betrachtet geht es bei der Lehre nicht um endgültige Antworten oder fertige Glaubensbekenntnisse. Es geht um treue Rede, die in Liebe geschmiedet ist. Es geht darum, von Ewigkeit zu Ewigkeit Zeugnis abzulegen für die unendliche, verletzliche Liebe, die Gott ist. Kontinuität und Wandel kennzeichnen die Lebendigkeit und Gesundheit des Glaubens der Kirche, die danach strebt, mit der Grammatik der Liebe Gottes zu sprechen. Lehre verändert, wächst und entwickelt sich stets, wenn sie von Liebe geprägt ist. Wie könnte es auch anders sein? Lehre, die in Liebe wächst, hilft, die Tradition zu korrigieren und sie davor zu bewahren, toter Glaube zu werden, während sie sich auf die Verheißung der Neuen Schöpfung zubewegt. Doch treue Lehre wächst auch in Kontinuität mit dem lebendigen Glauben der Tradition. Ein solcher Lehrwandel inmitten des Auf und Ab des Lebens gibt traditionelle Lehrformulierungen nicht einfach um des Wandels willen auf; vielmehr trägt er den Glauben der Vergangenheit weiter und ermöglicht es der lebendigen Tradition, sich zu vertiefen und zu erweitern, während der Heilige Geist die Kirche tiefer in das Geheimnis von Gottes Zukunft hineinzieht. Eschatologische Hoffnung ist es, die die Glaubenslehren lebendig hält, und die Energie der Liebe Gottes beseelt sie hin zu ihrem doxologischen Ende.

Theologische Hoffnung blickt einer Zeit entgegen, in der Lehre und Liebe ein Lied sind, in der alle Zungen bekennen und jede Stimme sich in Harmonie erhebt. Dies ist das Versprechen der Neuen Schöpfung. Im besten Fall trägt die Lehre zu diesem Versprechen bei, indem sie nicht das Buch schließt, sondern die Seite umblättert.

Deshalb muss die Lehre aus dem Feuer der Liebe gesprochen werden – oder gar nicht gesprochen werden. Denn nur dann kann sie Fleisch gewordene Lehre werden, ein treues Zeugnis der Liebe, die im Herzen von Gottes Zukunft brennt. So wie die ganze Schöpfung sehnsüchtig danach schreit, Gottes Antlitz zu schauen und die Worte unendlicher, verletzlicher Liebe aus der neuen Schöpfung zu empfangen, so sehnt sich auch Gott freudig und erwartungsvoll danach, von uns eine brandneue Grammatik der Liebe zu hören. Wenn die Lehre treu sein soll, muss sie aus dieser gemeinsamen Sehnsucht erstehen: der vom Geist inspirierten Äußerung eines durch Hoffnung verwandelten Volkes, das wieder lernt, in der Sprache der Herrlichkeit zu sprechen.

Treue Lehre wird nur aus dem Feuer der Liebe gesprochen. Denn die ganze Schöpfung sehnt sich danach, das Angesicht des Vaters zu sehen, die Stimme des Sohnes zu hören und mit dem Geist zu atmen, der die Welt zum Leben erweckt. Aus der Tiefe unserer Sehnsucht und den Höhen der Barmherzigkeit Gottes spricht die Liebe, wagt neue Worte, erweitert alte Formen und entzündet eine Grammatik, die nicht länger von Angst gebunden, sondern von Gnade befreit ist. Und so wie Gott spricht, Vater, Sohn und Heiliger Geist, so sehnt sich auch Gott danach, von uns zu hören: ein neuer Klang, der aus der Gemeinschaft der Heiligen erwächst, eine Sprache, geboren aus verletzter Freude und strahlender Hoffnung, eine Lehre, verklärt durch die Liebe, die alles neu macht.

Kapitel Zwei
Lehre als Sprache des aus dem Geist geborenen Glaubens

Das Bedürfnis zu sprechen, der Glaube greift nach Sprache

Der Glaube, einmal vom Geist erweckt, kann nicht schweigen. Er brennt, aus der Flamme der Liebe Gottes zu sprechen. Wie Augustinus in den *Bekenntnissen* (X.6.8) bekräftigt, sehnt sich die Seele, die Gott liebt, nach Gesang. Diese Sehnsucht nach Gesang wurzelt in seiner tieferen Theologie des Begehrens und der Erinnerung, in der Erinnerung nicht bloße Erinnerung ist, sondern die innere Kammer der Seele, in der Gott wohnt und spricht. Lehre ist in diesem Sinne der treue Akt der Kirche, sich in Liebe zu erinnern, zu benennen und darauf zu reagieren, was der Geist in der Seele erweckt hat. So wie Augustins Herz ruhelos war, bis es Ruhe in Gott fand, so entsteht auch die Lehre aus dem Herzenswunsch, den Gott zu benennen und zu preisen, der uns zuerst liebte. So wie das Wort die gesamte Schöpfung ins Dasein spricht, ist dasselbe Wort die Liebe, die Gott ist, und diese Liebe, die den Glauben verkörpert, sucht nach Ausdruck. Wenn Glaube mit der Grammatik der Gnade zu sprechen beginnt, beginnt er nicht als intellektuelle Zustimmung zum Glauben oder gar als Begreifen abstrakter Ideen. Der Glaube beginnt damit, dass man nach außen blickt und in Taten der Barmherzigkeit und des Mitgefühls spricht und, wenn nötig, mit Worten der Bedeutung und der Dankbarkeit für diese unbeschreibliche Liebe.

Der Glaube sucht stets nach einer Sprache – nicht um das Geheimnis zu beherrschen, sondern um auf die unendliche, verletzliche Liebe Gottes zu antworten, die in den Herzen der Gläubigen wächst. Es ist der Wunsch, das Gefühlte zu benennen, das Offenbarte zu bekennen und Gott zu preisen, der bereits gesprochen hat. Die Lehre beginnt hier: Der Glaube sucht im Sog der Liebe Gottes nach Worten. Und die Heilige Schrift, das vom Geist eingegebene Zeugnis von

Gottes Handeln in der Welt, bietet der Kirche ihre grundlegende Sprache der Liebe.

Glaubensbekenntnis als Bekenntnis, frühe Sprache der Liebe

Die ersten Glaubensbekenntnisse der Kirche waren keine Instrumente der Kontrolle. Sie waren Bekenntnisse des Staunens, eine Sprache, die im Herzen eines betenden Volkes geformt wurde, geformt im Feuer der Anbetung, des Zeugnisses, der Verfolgung und des Lobpreises. Bevor die Lehre definiert wurde, wurde der Glaube bekannt.

"Die Glaubensregel" (*regula fidei*), ein Begriff, den Irenäus und Tertullian verwendeten, war keine Checkliste, sondern eine lebendige Erinnerung an die Begegnung der Kirche mit dem in Jesus Christus offenbarten Gott. Sie wurde in doxologischer Form überliefert, in Taufliturgien wiederholt, von Märtyrern geflüstert und in Katakomben gesungen. Wie Irenäus in *Gegen die Häresien* (1:10.1; 3:4.2) ausdrückt, war diese Weitergabe keine sterile Wiederholung von Dogmen, sondern die lebendige Erinnerung an die Liebe, eine Lehre, die durch die innige Begegnung der Kirche mit dem gekreuzigten und auferstandenen Christus geprägt wurde. Für Irenäus war die Glaubensregel ein Schutz vor Verzerrungen, nicht durch Zwang, sondern indem sie die Verkündigung der Kirche in der Erzählung der in Jesus offenbarten göttlichen Liebe verankerte. Es war Theologie als Erinnerung, nicht als Manipulation; Lehre als Liebeserinnerung.

Inmitten konkurrierender Behauptungen und schleichender Verzerrungen den Kern des Evangeliums enthielten. Das Apostolische Glaubensbekenntnis und das Nicänische Glaubensbekenntnis entstanden nicht aus einem Verlangen nach Kontrolle, sondern aus dem pastoralen Bedürfnis, den gemeinsamen Glauben an den dreieinigen Gott zum Ausdruck zu bringen. Jedes Glaubensbekenntnis entstand aus unterschiedlichen historischen und kirchlichen Umständen und reagierte auf theologische Verwirrung, pastorale Sorgen und das Bedürfnis, die Einheit angesichts der wachsenden Vielfalt innerhalb der frühen Kirche zu bewahren. Diese Glaubensbekenntnisse waren die Poesie des Glaubens der Kirche, sorgfältig ausgearbeitete Antworten auf die göttliche Liebe.

Schon vor den formellen Glaubensbekenntnissen war in den frühesten Versammlungen ein anderes Glaubensbekenntnis lebendig, ein Bekenntnis, das der heilige Paulus in Galater 3,28 möglicherweise zitiert: "Es gibt hier nicht mehr Juden oder Griechen... denn ihr alle seid einer in Christus Jesus." Galater 3,28 stellte die vorherrschenden sozialen Hierarchien in Frage, indem es ethnische, soziale und geschlechtliche Unterschiede in Christus auflöste. Es definierte Zugehörigkeit neu, nicht durch römische Staatsbürgerschaft oder patriarchalische Ordnung, sondern durch die Taufe zu einer radikal integrativen Gemeinschaft, die von der befreienden Liebe des Heiligen Geistes geprägt war. Dieses frühe paulinische Bekenntnis verkündete eine neue Identität, die auf göttlicher Solidarität und kirchlicher Gleichheit basierte. Es verkündete Zugehörigkeit, formte Identität neu und gründete Einheit auf Gottes Liebe.

Die Lehre sollte nie trennen, sondern vereinen. Sie brachte die Realität eines Volkes zum Ausdruck, das zu einer neuen Schöpfung geworden war, einem lebendigen Leib Christi, verwurzelt in der Einheit des dreieinigen Gottes. John Wesley griff dies auf, indem er die Kirche "die neue Wohnstätte Gottes im Geist" nannte. Diese Formulierung findet ihren Ursprung in seinen *Anmerkungen* zu Epheser 2,22. Er interpretiert dies so, dass der Geist die Gläubigen durch gegenseitiges Innewohnen und Liebe zu einer Wohnstätte Gottes formt und betont dabei die innewohnende Gegenwart des Geistes unter den Gläubigen. Dieser Gedanke spiegelt sich auch in seinen Predigten wider, etwa in "Der katholische Geist" und "Das schriftgemäße Christentum", in denen Wesley wahren Glauben nicht an institutionelle Formen knüpft, sondern an eine Gemeinschaft, die von göttlicher Liebe und heiligem Gespräch beseelt ist. Für Wesley war die Lehre nie losgelöst von dieser gemeinschaftlichen und vom Geist erfüllten Vision der Kirche. Die Lehre ist also die Sprache der Liebe für die

Gemeinschaft – mit Gott, untereinander und mit der gesamten Schöpfung.

Glaubensbekenntnisse sagen im besten Fall: Wir haben den Herrn gesehen. Wir haben seine Liebe erkannt. Das ist unser Zeugnis. Sie verneigen sich vor dem Mysterium. Sie sind die Worte der Kirche für das Unaussprechliche, geformt in Anbetung und Gebet.

John Wesley schätzte die historischen Glaubensbekenntnisse, aber nicht als Tore zur Orthodoxie, die es zu überwachen galt. Seine Aufnahme des Apostolischen Glaubensbekenntnisses in den Sonntagsgottesdienst der Methodisten von 1784 zeigt, dass er Glaubensbekenntnisse als Mittel der Hingabe und Bildung und nicht als Ausschluss verstand. Er sah sie als Leitfaden zur Andacht. Er nahm das Apostolische Glaubensbekenntnis nicht als Prüfung, sondern als Gnadenmittel in den methodistischen Gottesdienst auf. Glaubensbekenntnisse gehörten für Wesley zur Sprache des Gebets und des heiligen Lebens.

Dasselbe gilt für Charles Wesleys Hymnen, die als lyrische Glaubensbekenntnisse fungieren. In "And Can It Be" verkündet Wesley beispielsweise: "Meine Ketten fielen ab, mein Herz war frei, ich erhob mich, ging hinaus und folgte dir", ein Glaubensbekenntnis der Befreiung, Rechtfertigung und Jüngerschaft in poetischer Form. "And can it be", "Love divine" und "Come, Thou long-expected Jesus" sind gesungene Bekenntnisse, die nicht nur aufgrund ihrer doktrinären Präzision, sondern auch aufgrund ihrer doxologischen Sehnsucht kraftvoll sind.

Wenn man von den Glaubensbekenntnissen der Kirche als doxologischem Bekenntnis spricht, stellt sich zwangsläufig die tiefere Frage: Wie erhält, prägt und vermittelt die Kirche diese Sprache der Liebe über Generationen hinweg? Die Antwort liegt in der Lehre, der Grammatik der Zugehörigkeit des Glaubens, die in der Gemeinschaft geschmiedet und gelebt wird.

Doktrin als Grammatik der Zugehörigkeit

Betrachtet man die Glaubensbekenntnisse als frühe Liebesbekenntnisse der Kirche, stellt sich zwangsläufig die Frage: Wie wird eine solche Sprache erlernt und bewahrt? Die Lehre fungiert als Grammatik dieses Glaubens und verbindet Identität, Erinnerung und Gemeinschaft in einer vom Geist geformten Sprache. Theologische Stimmen, die diese Vision vertiefen, können uns helfen, die Lehre nicht nur als Grammatik, sondern als Bildung, Vorstellungskraft und Gemeinschaft zu begreifen.

Wenn der im Glaubensbekenntnis bekannte Glaube der Kirche eine Poesie der Liebe ist, dann enthalten die Lehren des kirchlichen Glaubens gewiss die Grammatik der Zugehörigkeit. Es geht nicht darum, lehrmäßige Grenzen um ihrer selbst willen zu ziehen, sondern darum, Raum für Gemeinschaft, Gespräch und Vorstellungskraft zu schaffen. Die Lehre gibt der Kirche die Möglichkeit, ihrem Leben in Gott einen Namen zu geben, ihre Erinnerung zu bewahren und ihren Glauben in einer Sprache weiterzugeben, die einlädt, statt auszugrenzen.

Diese Grammatik ist nicht vom Leben losgelöst; sie wird durch Zugehörigkeit erlernt. Lehre ist nicht einfach propositional. Sie ist relational. Ihre Funktion besteht nicht darin, bloß zu behaupten, was wahr ist, sondern ein Volk zu formen, das wahrhaftig in Liebe lebt. Aus diesem Grund wird Lehre in der Gemeinschaft erlernt; sie wird ebenso verinnerlicht wie gelehrt. Das Bekenntnis der Lehre ist nie bloß kognitiv, sondern zutiefst vertrauensvoll, es ist ein Akt des Vertrauens auf Gott, der sich in Beziehungen zu erkennen gibt, es formt die moralische und relationale Vorstellungskraft der Kirche, es gestaltet unser Zusammenleben, bevor es definiert, was wir glauben. Es ist relational, partizipatorisch und im Gottesdienst und Zeugnis der Gemeinschaft verwurzelt. Das Ziel ist nicht Beherrschung, sondern Teilnahme. Die Lehren der Kirche zu kennen bedeutet nicht, sie bloß zu rezitieren, sondern sich von ihrer Musik, ihrer Bewegung, ihrer Bedeutung mitreißen zu lassen.

Deshalb hängt die Vitalität der Lehre von der Gegenwart des Geistes ab. Wenn der kirchliche Raum für sich entwickelnde Gespräche in Glauben und Vorstellungskraft verloren geht, wird die Lehre statisch und einengend und beginnt bald, das vom Animus der Liebe erfüllte Glaubensleben zu ersticken. Eine Lehre, die nicht mehr atmet, ist nicht mehr treu. Sie muss flexibel, reaktionsfähig und in der fortwährenden Gemeinschaft des Geistes verwurzelt bleiben.

Der Theologe George Lindbeck nannte die Lehre einen "kulturell-linguistischen Rahmen" und stellte sie den eher propositionalen Ansätzen der evangelischen Theologie sowie dem erfahrungsorientierten Fokus der liberalen Theologie gegenüber. Sein Modell betont, dass es bei der Lehre weniger darum geht, objektive Wahrheiten zu formulieren oder innere Erfahrungen auszudrücken, sondern vielmehr darum, die Sprache und Praktiken einer Gemeinschaft zu leben, die eine stimmige Lebensweise bilden, eine Art Grammatik, mit der die Kirche lernt, wahrhaftig über Gott und gewissenhaft über sich selbst zu sprechen. In *The Nature of Doctrine* stellt Lindbeck drei Lehrmodelle gegenüber: das kognitiv-propositionale Modell, das die Lehre als eine Reihe universeller Wahrheitsaussagen betrachtet; das erfahrungsorientiert-expressive Modell, das die Lehre als symbolische Artikulation innerer religiöser Erfahrung betrachtet; und das kulturell-linguistische Modell, das die Lehre als die gemeinschaftliche Sprache und Grammatik betrachtet, die eine religiöse Lebensweise formt. Dieses letztgenannte Modell hebt hervor, dass die Lehre nicht in erster Linie dazu dient, Propositionen oder Gefühle auszudrücken, sondern die gemeinschaftliche Identität und theologische Vorstellungskraft innerhalb einer lebendigen Tradition zu formen. Wie jede Sprache wird auch die Lehre in der Gemeinschaft erlernt, durch Liturgie, Heilige Schrift, Abendmahl und Gottesdienst. Ziel ist nicht nur, die richtigen Worte zu kennen, sondern sich von ihnen formen zu lassen, um die Liebe durch die gemeinsame Sprache des Glaubens sprechen zu lassen.

Diese Liebe bewahrt die Erinnerung, ohne zu erstarren. In diesem Sinne spricht die Lehre nicht nur, sondern erzieht die Kirche auch dazu, ihre tiefste Liebe zu leben. Jaroslav Pelikan erinnerte uns daran, dass "Tradition der lebendige Glaube der Toten" ist, während "Traditionalismus der tote Glaube der Lebenden" ist. Die Lehre lebt, wenn sie atmet, wenn sie in neuen Sprachen sprechen darf und mit den Erfahrungen jeder Generation in Resonanz tritt. Lehre ist im wahrsten Sinne lebendige Tradition, Glaube, der noch spricht und noch auf die Gegenwart des Geistes in der Kirche reagiert.

Bei der Lehre geht es nie nur um Ideen. Es geht um Identität, Erinnerung und Beziehung. Sie sagt uns, wer wir sind, wem wir gehören und wie wir leben sollen. Die frühe Kirche entwickelte ihre Lehre nicht abstrakt, sondern um dem Gott, den sie in Christus kennengelernt hatte, treu zu bleiben und die Einheit der Liebe zu bewahren, die der Heilige Geist unter ihnen geschaffen hatte.

Lehre ist also die Grammatik der Liebe, die nicht nur über Gott, sondern in Gott gesprochen wird. Lehrbildungen entspringen kontemplativen Tiefen und prägen nicht nur die Sprache, sondern erhellen auch die theologische Bedeutung von Geschlecht, Macht und kirchlicher Identität, aus der betenden Offenheit für den Heiligen Geist, wo Sehnsucht, Stille und Gemeinschaft eine gläubige Sprache prägen. Kontemplation ist kein passiver Rückzug, sondern eine transformierende Haltung, die theologische Klarheit und doktrinäre Einsicht hervorbringt. Aus dieser Perspektive wird das Gebet zum Schmelztiegel, in dem die Sprache über Gott gereinigt, geformt und erhalten wird. Es zieht uns in den Rhythmus der Dreifaltigkeit, eine göttliche Gemeinschaft des gegenseitigen Gebens und Nehmens. Und wie John Wesley betonte, geht es bei der richtigen Lehre nicht um Spekulation, sondern um Transformation. Sie soll unseren Geist erneuern, unsere Herzen formen und uns befähigen, ein heiliges Leben im Zeichen der Liebe zu führen.

Aus diesem Grund war für Wesley die Prüfung der Lehre immer ihre Frucht im Leben des Gläubigen und der

Gemeinde. Wenn sie nicht aufbaute, erbaute und heiligte, musste sie überprüft werden. Der Maßstab war die Liebe.

Gleichzeitig war sich Wesley der Risiken bewusst. Die Lehre wird gefährlich, wenn sie aus der Gemeinschaft herausgelöst, von der Liebe losgelöst und als Mittel der Ausgrenzung eingesetzt wird. Bleibt die Lehre jedoch im Gebet, im Lobpreis und im sakramentalen Leben verwurzelt, wird sie zu einer Sprache, die uns tiefer in die Einheit mit Gott und untereinander führt.

Das Bekenntnis zur Glaubenslehre bedeutet also nicht nur, unseren Glauben zu bekunden, sondern sich an der gemeinsamen Rede der Kirche zu beteiligen. Es bedeutet zu sagen: Das sind wir. So leben wir in Liebe und begründen unsere Zugehörigkeit.

Dogma und das Risiko der Kontrolle

Das Dogma ist das Glaubensbekenntnis der Kirche, der Ausdruck ihrer tiefsten Überzeugungen von Gottes Liebe und der Art und Weise der Erlösung. Doch wenn das Dogma fälschlicherweise als Instrument der Kontrolle und nicht als Zeugnis der Liebe verstanden wird, wird es brüchig und gefährlich.

Die Glaubensregel ging der Kanonbildung der Heiligen Schrift durch die Kirche voraus und prägte sie. Sie betont, dass die gelebte Erfahrung des auferstandenen Christus durch die frühe Kirche die Autorität des Kanons hervorbrachte, nicht umgekehrt. Diese vorausgehende Identität im Glauben und in der Treue Christi ist für jede treue Lesart und Auslegung der Heiligen Schrift unerlässlich. Der Geist ist die Quelle der Glaubensregel der Kirche, die sowohl den Glaubensbekenntnissen als auch der Heiligen Schrift vorausgeht. Wenn die Kirche dies vergisst und beginnt, diese Gaben als Instrumente institutioneller Bewahrung statt der göttlichen Gemeinschaft einzusetzen, hört sie auf, eine treue Verwalterin der Gnade zu sein.

Die Geschichte bietet ernüchternde Mahnungen: von der Inquisition über die theologischen Rechtfertigungen kolonialer Eroberungen bis hin zur Versklavung indigener Völker in Doktrinen wie der "Entdeckungsdoktrin". Dogmen wurden missbraucht, um Macht zu erhalten, statt der Liebe zu dienen. Und wenn das geschieht, leiden die Sakramente. Wenn doktrinäre Grenzen zu Instrumenten der Ausgrenzung werden, wird das Taufbecken zum Tor statt zum Willkommen, der Tisch zur Barriere statt zum Festmahl. Der Ausschluss von Frauen und Laien von theologischer Stimme und Führung zeigt, wie der Missbrauch von Dogmen die Gaben des Geistes an den gesamten Leib untergräbt.

Doch auch hier ruft uns die Gnade weiter. Die Substanz des Glaubens ist Liebe, Gottes Liebe. Nicht abstrakte Wahrheitsansprüche oder konzeptionelle Vorstellungen von Gott, sondern unendliche und verletzliche Liebe, die Gott ist. Das bedeutet, dass der Glaube, der uns durch die Energie der Liebe geschenkt wird, sich ständig entfaltet und ausdehnt; Wahrheit ist die unendliche, verletzliche Liebe, die Gott ist. Wenn wir in der Gemeinschaft mit Gott wachsen, müssen auch unsere Glaubensbekundungen wachsen und sich ausdehnen. Wie könnte das auch anders sein, wenn unser Glaube von der Energie der unendlichen, verletzlichen Liebe Gottes erfüllt ist?

Richard Hookers oft zitiertes "dreibeiniges Modell" aus Schrift, Vernunft und Tradition beschreibt eine strukturierte Hierarchie, auf der die Lehre der Kirche beruht und sich im Laufe der Zeit weiterentwickelt. Für Hooker besitzt die Schrift die primäre Autorität; die durch die Gnade erleuchtete Vernunft dient ihrer Auslegung; und die Tradition als gemeinschaftliches Gedächtnis der Kirche wird von beiden geprägt und korrigiert. Dieses Modell wahrte die Integrität des theologischen Zeugnisses der Kirche über Generationen hinweg. Dennoch ist es wichtig, sich daran zu erinnern, dass es vor dem Kanon der Heiligen Schrift oder dem Glaubensbekenntnis der Kirche die Erfahrung des auferstandenen Christus gab, eine Begegnung mit der unendlichen, kreuzförmigen Liebe Gottes. Aus dieser vom Geist inspirierten Begegnung gingen sowohl der Glaube als auch die Grammatik der Liebe der Kirche hervor. John Wesley, der Hookers anglikanischen Rahmen übernahm, bekräftigte diese Struktur, fügte aber die Erfahrung als wesentliche Dimension hinzu – nicht um individuelle oder private Subjektivität zu bevorzugen, sondern um zu unterstreichen, dass die Lehre aus dem fortwährenden Wirken des Geistes in der gelebten Begegnung entsteht. Nach Wesleys Ansicht beginnt die Theologie nicht mit abstrakten Prinzipien, sondern mit der verwandelnden Gegenwart des dreieinigen Gottes, der erkannt, geliebt und angebetet werden soll.

Da die Aufklärung jedoch innerhalb der Church of England zunehmend Wert auf Rationalität legte, gerieten Lehren wie die Trinitätslehre oft ins Abseits und wurden eher als intellektuelle Rätsel denn als Einladungen zum göttlichen Leben betrachtet. Genau gegen diese rationalistische Tendenz richtete William J. Abraham seine bekannte Kritik des Wesleyanischen Quadrilaterals, die von Albert C. Outler populär gemacht wurde. Als Reaktion darauf schlug er den "kanonischen Theismus" vor, ein theologisches Rahmenwerk, das nicht auf abstrakten Kriterien, sondern auf den gelebten Praktiken und Autoritätsstrukturen der historischen Kirche beruht.

Abraham warnte davor, dass die Behandlung von Schrift, Tradition, Vernunft und Erfahrung als unabhängige Quellen oder Kriterien der Wahrheit theologische Hybris fördert und den Vorrang der göttlichen Offenbarung verwässert. Stattdessen, so argumentierte Abraham, seien diese vier am besten als Gnadenmittel zu verstehen, als Kanäle, durch die der Geist die Kirche in die Gemeinschaft mit dem lebendigen Gott führt. Sie besitzen keine autonome Autorität; ihre Bedeutung entfaltet sich nur, wenn sie vom Geist belebt werden. In diesem Licht wird die Lehre, wenn sie in Demut gestaltet und in Liebe verwurzelt ist, nicht zu einem Kontrollsystem, sondern zu einer partizipativen Einladung an Gottes Zukunft. Die wahre Autorität der Kirche ist nicht das Viereck selbst, sondern Gott, der durch es spricht und dessen letztes Wort, wie die Schrift bezeugt, die Liebe ist (1. Johannes 4,8).

Wenn die Lehre erstarrt, wird sie zum Götzen. Doch wenn sie vom Heiligen Geist durchströmt wird, wird sie zur Quelle: Sie formt den Glauben, vertieft die Gemeinschaft und führt die Kirche in Liebe. Selbst unsere liebsten

Formulierungen müssen mit offenen Händen angenommen werden und stets dem verfeinernden Werk der Liebe des Heiligen Geistes unterworfen sein. Konservativismus kann Werte bewahren, doch wenn er Risiken ablehnt, offenbart er einen Mangel an Glauben. Glaube lebt vom Loslassen und vom neuen Zuhören.

Dogmen sterben nicht, wenn sie mit Liebe geprüft werden; sie sterben, wenn sie als unantastbar behandelt werden, weil sie sich ihres Glaubens sicher wähnen und vergessen, dass nur der Geist die Lehre als lebendige Wahrheit in der Gemeinschaft erhält. Die Kirche muss bedenken: Die Glaubensbekenntnisse sind kein Selbstzweck. Sie sind Widerhall des Wortes, sakramentale Zeichen, die über sich selbst hinausweisen, wie Wesley es in ihrem Andachtsgebrauch bekräftigte und wie es die Kirchenväter oft in ihren doxologischen Formulierungen praktizierten. Das Wort kann niemals eingedämmt oder erschöpft werden. Der Geist spricht noch immer.

Doch Dogmen müssen nicht zur Last werden. Richtig vertreten, kehren sie voller Ehrfurcht zu ihrem Ursprung zurück. Das Ziel aller Lehre ist schließlich nicht die Erkenntnis der Wahrheit, sondern die Anbetung Gottes, der die Liebe ist. Wir fühlen uns nun dem tiefsten Zweck der Lehre zugewandt: dem Lobpreis.

Lehre als Doxologie

Wenn die Lehre die Sprache des Glaubens der Kirche ist, muss sie zu ihrer tiefsten Quelle zurückkehren: dem Lobpreis. Jede wahre Rede über Gott muss letztlich zur Doxologie werden.

Lehre ist nie bloße Definition. Im besten Fall ist sie verständliche Hingabe. Sie ist Theologie, die in Gebet übergeht, Reflexion, die Anbetung weicht. Charles Wesleys Hymnen sind vertonte Bekenntnisse, lyrische Glaubensbekenntnisse, die im Herzen verankert bleiben sollen.

Für John Wesley war Lehre nicht nur das, was die Kirche glaubte, sondern auch, wie sie glaubte. Wenn Lehre nicht zur Anbetung führt, fehlt etwas. Lehre wird zur

Doxologie, wenn sie sich von etwas, das wir verteidigen, zu etwas entwickelt, an dem wir Freude haben – nicht, weil wir die Wahrheit besitzen, sondern weil wir von der Wahrheit, die Liebe ist, besessen sind.

Wenn die Lehre ihre doxologischen Wurzeln vergisst, wird sie defensiv und trocken. Wahre Klarheit der Lehre entsteht nicht aus polemischer Gewissheit, sondern aus kontemplativer Offenheit – eine Haltung, die besonders in einem Zeitalter doktrineller Polarisierung wichtig ist, in dem andächtige Aufmerksamkeit Wege zur Gemeinschaft statt zur Spaltung öffnen kann – eine Tiefe andächtiger Aufmerksamkeit, die Apophasis und geschlechtsspezifische Verletzlichkeit als zentrales Element der theologischen Aufgabe einbezieht, jene Art liebevoller Aufmerksamkeit im Gebet, die die Seele formt, bevor sie den Satz formt. Doch wenn sie sich ihrer Quelle erinnert, wird sie zum Gnadenmittel und hilft uns, den Gott zu benennen, der noch spricht.

Lehre ist Gebet. Sie ist das lange, ununterbrochene Gebet des Vertrauens der Kirche, eingewoben in ihre tägliche Liturgie, zum Ausdruck gebracht in ihren Glaubensbekenntnissen und getragen vom Heiligen Geist durch Jahrhunderte des Lobpreises. Jedes Mal, wenn wir sagen: "Ich glaube", gehen wir eine Beziehung ein. Wir vereinen unsere Stimmen mit der Kirche aller Zeiten in der Anbetung Gottes, der uns zuerst geliebt hat.

Deshalb ist die trinitarische Form des wesleyanischen Glaubens so wichtig: Sie verankert die Lehre in Demut und Lobpreis und erinnert uns daran, dass alle theologische Sprache der gegenseitigen Liebe von Vater, Sohn und Geist entspringt. Alles kommt vom Vater, wird im Sohn offenbart und durch den Geist in unsere Herzen gegossen. Dies ist der ewige Kreis der Liebe, der die Lehre belebt.

Der entscheidende Prüfstein für eine Lehre ist nicht, ob sie systematisch ist, sondern ob sie uns hilft, zu lieben. Bringt sie Freude? Demut? Staunen? Kann sie noch singen?

Lehre ist keine Mauer, sie ist ein Fenster. Kein Käfig, sondern eine Kerze. Wie John Wesley lehrte, ist Lehre ein Mittel der Gnade, ein Weg, durch den das Licht der Liebe

Gottes in unser Leben scheint und uns nicht zur Zurückhaltung, sondern zur Gemeinschaft einlädt. Sie spiegelt das Licht der Welt wider. Wenn sie uns zum Loben, Weinen und Niederknien führt, hat sie ihren Zweck erfüllt.

Doch die Kirche lebt nicht allein von der Erinnerung. So wie die Doxologie den Blick auf die Verheißung richtet, so muss auch die gläubige Lehre der Hoffnung entgegenblicken. Wie sieht also die Zukunft der Lehre aus? Welche Art gläubiger Rede wird der zukünftigen Welt dienen?

Glaube und Lehre in der Zukunft der Kirche

Der Geist Gottes führt die Kirche stets vorwärts, nicht weg von ihren Wurzeln, sondern tiefer hinein. Wie die Schöpfung in Römer 8 nach Erlösung schreit oder das Neue Jerusalem in Offenbarung 21 herabsteigt, so bewegt sich die Kirche auf Gottes verheißene Zukunft zu, nicht indem sie sich von ihren Wurzeln zurückzieht, sondern indem sie voller hoffnungsvoller Erwartung tiefer in sie hineindringt. Treue Lehre wird zum Echo dieses Vorwärtsdrangs, zum Zeugnis des Geistes, der alles erneuert. Treue Lehre nimmt stets an dieser Vorwärtsbewegung teil, die das Seufzen der Schöpfung und die Verheißung der Neuen Schöpfung mit sich bringt.

Jürgen Moltmann, der renommierte Autor von *"Eine Theologie der Hoffnung"*, erinnert uns daran, dass "das Christentum Eschatologie ist" und dass eine Lehre, die sich dem Wandel widersetzt, nicht nur deshalb scheitert, weil sie falsch ist, sondern noch grundlegender, weil sie die christliche Wahrheit vergisst, die vom tragenden Wind der Hoffnung getragen wird.

Wenn wir in die Zukunft blicken, müssen wir uns fragen: Welche Lehre wird eine verwundete Welt ansprechen? Eine Welt, die von ökologischem Kollaps, Rassentrennung, wirtschaftlicher Ungleichheit und spiritueller Desillusionierung geprägt ist, schreit nicht nach Abstraktionen, sondern nach verkörperter Wahrheit. Theologien der Ausgrenzung, des Triumphalismus oder des kalten Rationalismus können solche Wunden nicht heilen. Was wir brauchen, ist eine Lehre, die sich in Liebe beugt, in

Klage und Hoffnung spricht und den gekreuzigten und auferstandenen Christus bezeugt, dessen Wunden nun in Herrlichkeit strahlen. Kann unsere Theologie noch Vertrauen einladen, Freude entfachen und Zugehörigkeit verkünden?

Durch die Kraft des Geistes lautet die Antwort ja.

Ja, denn die Glaubensbekenntnisse sind aus Liebe entstanden, und diese Liebe spricht noch immer. Ja, denn das Feuer, das unsere Lehren entzündete, ist nicht erloschen. Ja, denn der Geist, der die Kirche geformt hat, leitet sie noch immer.

Die Zukunft der Lehre gehört denen, die die Vergangenheit als Geschenk und Versprechen annehmen – nicht als Relikt, das es zu bewahren gilt, sondern als lebendigen Samen, den es zu pflegen gilt. Diese Resonanz eröffnet Raum für neue Formen der Lehre, geprägt von der Gegenwart des Heiligen Geistes an unerwarteten Orten: ökologische Theologie, die dem Seufzen der Schöpfung lauscht, interreligiöser Dialog, der die gemeinsame Sehnsucht nach Wahrheit würdigt, digitale Liturgien, die Lobpreisungen über neue Grenzen hinaustragen. Die Zukunft der Lehre wird in vielen Sprachen verkündet und von Gemeinschaften getragen, die zu glauben wagen, dass die Liebe immer mehr zu sagen hat. Tradition lebt nicht als Wiederholung, sondern als Resonanz.

Geoffrey Wainwright sagte einmal: "Um stichhaltig zu sein, muss die Theologie singen." Darin spiegelt sich seine Überzeugung wider, dass Anbetung und eschatologische Vision keine optionalen Extras sind, sondern von zentraler Bedeutung für die Vitalität und Stichhaltigkeit der Lehre. Die Lehre muss sich dem ewigen Gesang der Kirche anschließen, einer Doxologie, die die Fülle der kommenden Liebe vorwegnimmt.

John Wesley lehrte, dass die Kirche stets nach Vollkommenheit streben müsse, nicht nur als persönliches Streben, sondern als gemeinschaftliche Berufung, geprägt durch gemeinsames Praktizieren von Gnade und Liebe, nicht aus Stolz, sondern aus Liebe. Er stellte sich ein Volk vor, dessen Lehre heilig, dessen Herzen brennend und dessen Leben eine Liturgie der Gnade sei.

So kehren wir zurück zum Geist und zum Wort. Die Kirche existiert nicht als Institution, die die Wahrheit bewacht, sondern als Gemeinschaft im Geist, ein Vorgeschmack des eschatologischen Lebens, in dem die Lehre mit der Freiheit der göttlichen Liebe in Einklang steht. Zu einer Kirche, die im Gebet versammelt ist, entflammt von göttlicher Zuneigung und noch immer lernt, das auszusprechen, was die Liebe kundgetan hat. Wir kehren zur Lehre zurück als einer vom Geist geborenen Sprache der Hoffnung und des heiligen Verlangens.

Und so singt die Kirche:

Wir glauben an die fleischgewordene Liebe,
Der im Feuer sprach und noch immer in Flammen flüstert.
Wir glauben an den Geist, immer neu,
Alte Wahrheiten in zukünftige Sprachen einhauchen und
zukünftige Wahrheiten in alte.
Wir glauben an die Kirche, Gottes lebendige Grammatik der
Gnade,
Immer noch sprechend, immer noch werdend,
Noch immer hallt die Freude über die kommende Welt wider.

Die Zukunft der Lehre ist kein Kontrollsystem, sondern ein Lied des Glaubens, eine Melodie der Hoffnung, die sich in Gottes nahende Zukunft neigt. Sie beschränkt sich nicht auf Bewahrung, sondern ist in Erwartung komponiert, geprägt vom auferstandenen Christus, dessen Triumph über den Tod uns versichert, dass die Liebe das letzte Wort haben wird. Ein Lied, das vom Heiligen Geist weitergetragen wird und in die Erneuerung aller Dinge hineinhallt, eine Kirche, die die Lehre als ihr lebendiges Glaubensbekenntnis verkörpert.

Wenn die Kirche in die Welt hinausgeht, muss die Grammatik der Lehre im Zeugnis der Liebe verkörpert sein.

Und so hofft die Kirche: Nicht in Nostalgie, sondern in der Neuen Schöpfung. Nicht in der Herrschaft, sondern in der Barmherzigkeit. Nicht in der Gewissheit, sondern in der Gemeinschaft. Wir glauben, dass die unendliche, verletzliche Liebe, die Gott ist, das Grab überdauern wird, dass der Geist uns wieder singen lehren wird und dass die Lehre, wie der Atem, mit Freude in jeder Sprache aufsteigen wird, hin zum Licht von Gottes Morgen.

Kapitel Drei
Verkörperte Lehre
Die Kirche als lebendiges Glaubensbekenntnis

Von der Kommunion zum Glaubensbekenntnis

Die Lehre entspringt dem gemeinsamen Leben der Liebe, nicht als deren Voraussetzung, sondern als deren Ausdruck. Sie stellt jede Auffassung in Frage, die die Lehre als eine Reihe von vorgefassten Meinungen betrachtet. Es ist die Liebe, die dem Bedürfnis nach Ausdruck vorausgeht und es hervorbringt. In diesem Sinne ist die Lehre kein Tor zur Zugehörigkeit, sondern die daraus entstehende Sprache – eine Sprache, die in Gemeinschaft, nicht in Abstraktion, geschmiedet wird. Die Lehre ist ein lebendiges Zeugnis für den Glauben und die Treue Christi, die in den gemeinschaftlichen Praktiken der Kirche zum Ausdruck kommt und in ihren Gnadengewohnheiten bekräftigt wird.

Wir sprechen nicht, um dazuzugehören. Wir sprechen, weil wir bereits dazugehören. In der Liebe Gottes geht die Kommunion der Beichte voraus. Das Feuer der göttlichen Liebe kommt nicht als Belohnung für rechten Glauben herab, wie Pfingsten so anschaulich zeigt, sondern als schöpferische Gegenwart, die den Glauben erst ermöglicht. Durch diese heilige Kommunion, *Koinonia,* werden wir zusammengeführt, erweckt und in das gemeinsame Leben Gottes aufgenommen. Und erst dann, wenn die Liebe in uns Wurzeln schlägt, brauchen wir Sprache, um auszudrücken, was bereits Wirklichkeit geworden ist.

Dies ist die wahre Ordnung des Wissens und der Liebe in der Kirche: von der Gemeinschaft zum Glauben, von der Zugehörigkeit zum Glauben, von der Kommunion zum Glaubensbekenntnis – eine Abfolge, die die Logik des Kapiteltitels "Verkörperte Lehre" verkörpert. Sie bekräftigt, dass das Lehrbekenntnis der Kirche nicht zunächst eine intellektuelle Zustimmung ist, sondern eine gelebte Antwort auf bereits empfangene und geteilte Gnade. Die große

Versuchung des institutionellen Christentums bestand schon immer darin, diesen Fluss umzukehren und darauf zu bestehen, dass das Bekenntnis an erster Stelle stehen müsse, dass die richtige Lehre die Eintrittskarte zur Zugehörigkeit sei. Doch so wurde die frühe Kirche nicht geformt. Und so wirkt auch der Heilige Geist nicht.

Die frühesten Glaubensbekenntnisse wurden nicht als Torwächterinstrumente, sondern als Antworten auf die Gnade konzipiert. Sie bieten der Kirche bis heute ein Modell des Glaubenszeugnisses, das auf gelebter Gemeinschaft gründet und vom Heiligen Geist getragen wird – ein lebendiges Bekenntnis, das die Kirche auch heute noch verkörpern muss, geformt im Leben eines Volkes, das dem auferstandenen Christus begegnet war. Sie entstanden aus anbetenden, betenden und leidenden Gemeinschaften, aus Menschen, die mit Wasser, Feuer und Geist getauft wurden. Die Glaubensregel, wie sie im zweiten und dritten Jahrhundert kursierte, wurde nicht durch systematische Debatten, sondern durch das liturgische Leben und die Mission der Kirche weitergegeben. Die orthodoxe Tradition wurde nicht nur durch Polemik geprägt, sondern auch durch die lebendige Erinnerung betender Menschen, die die Wahrheit des Evangeliums kannten, weil sie dessen Liebe erfahren hatten. Dies ist das Muster der Wahrheit, das der rettenden Logik des Evangeliums folgt – dem Muster, nach dem Liebe der Erkenntnis, Gnade der Formulierung vorausgeht und die Lehre aus dem verwandelnden Wirken des Geistes im Leben der Kirche erwächst.

Die frühe christliche Glaubensbildung erfolgte durch Taufriten, Katechese und eucharistische Gebete, nicht durch vorgegebene Formeln. Glaubensbekenntnisse schufen also nicht die Einheit der Kirche, sondern gaben ihr den Namen. Die Kirche war bereits durch den Heiligen Geist zusammengehalten, der die Liebe Gottes in ihre Herzen gegossen hatte. Und mit der Zeit begann das Volk Gottes zu sprechen: "Wir bekennen in den Glaubensbekenntnissen: Wir glauben an den einen Gott...", nicht um eine Formel der Akzeptanz und Zugehörigkeit zu etablieren, sondern um die Liebe auszudrücken, die bereits in ihnen brannte.

Das Apostolische Glaubensbekenntnis, das Nicänische Glaubensbekenntnis und sogar die frühen Taufbekenntnisse entstanden aus dieser Art dreieiniger, von Liebe durchdrungener Gemeinschaft. Die frühchristlichen Glaubensbekenntnisse entstanden ganz natürlich als Mittel, Erinnerung zu formen und Einheit zu bewahren – nicht um Mysterium durch Kontrolle zu ersetzen, sondern um es in einer gemeinsamen Sprache zu bewahren. Die Glaubensbekenntnisse gaben einer bereits von Gnade erfüllten Gemeinschaft Ausdruck. Die wahre Ansteckungskraft lag in der Gemeinschaft und der Verbundenheit mit Gott und untereinander, und die in ihren Lehren und Glaubensbekenntnissen zum Ausdruck kommende Sprache des Glaubens wurde geschaffen, um das Feuer der vereinenden Liebe in diesen Freundschaften mit Gott und untereinander für das Leben der Welt am Brennen zu halten.

Diese Dynamik aus Freundschaft und Zugehörigkeit findet einen ihrer frühesten und kraftvollsten Ausdrucksformen in Irenäus' Aussage, dass die Herrlichkeit Gottes im Menschen liege, der in vollkommener Gemeinschaft mit Gott lebt. Diese Aussage ist vielleicht das älteste christliche Glaubensbekenntnis: "Es gibt nicht mehr Juden oder Griechen, Sklaven oder Freie, Mann und Frau; denn ihr alle seid eins in Christus Jesus" (Gal 3,28). Im Kern ist dies keine metaphysische Aussage, sondern das Bekenntnis radikaler Zugehörigkeit. Sie ist ein Echo des Gebets des Hohepriesters um die Einheit des Volkes Gottes (Joh 17) und zeigt, dass bereits das älteste christliche Glaubensbekenntnis von Gemeinschaft geprägt und im Gebet verwurzelt war. Ein solches Bekenntnis entspringt nicht abstrakter Spekulation, sondern der gelebten Erfahrung des Geistes, der über alles Fleisch ausgegossen wurde. Es ist die Stimme einer Kirche, die zu einer neuen Wirklichkeit erwacht ist: der Einheit aller Dinge in Christus, selbst inmitten radikaler Verschiedenheit. Auf diese Weise ist das früheste Lehrzeugnis der Kirche kein System von Ideen, sondern eine vom Geist inspirierte Verkündigung der Liebe: Alle gehören zusammen, alle sind eins, alle werden im versöhnenden Leben Christi zusammengehalten.

Diesen Standpunkt umzukehren und vor der Kommunion ein Glaubensbekenntnis zu verlangen, bedeutet, die Logik der Gnade zu verletzen. Es bedeutet, Liebe als bedingt und Zugehörigkeit als transaktional zu betrachten. Doch die Kirche wurde an Pfingsten geboren, nicht in Nicäa. Es ist das Feuer des Geistes, nicht die Präzision unserer Formulierungen, das das Volk Gottes versammelt und den Glauben entstehen lässt.

Tradition lebt nur, wenn sie ihrem Ursprung treu bleibt, nicht bloß als Erinnerung, sondern als Verkörperung. Wir müssen sorgfältig unterscheiden zwischen Tradition, die Leben schenkt, und Traditionalismus, der es abtötet. Eine lebendige Tradition wird zu dem, was Jaroslav Pelikan "den lebendigen Glauben der Toten" nennt, wenn sie immer wieder im Feuer der Liebe neu entfacht wird. Wir müssen ein drittes Bild annehmen: Tradition als Ikone, als Fenster zum Geheimnis Gottes. In diesem Sinne ist die Tradition der Kirche nicht bloß eine Erinnerung an die Lehre, sie ist ein lebendiges Gnadenmittel, ein Instrument, durch das die Gläubigen dem Geheimnis Christi in der Kraft des Geistes begegnen. Dies bekräftigt die Aussage des Kapitels, dass Lehre, wie Tradition, in Gemeinschaft entstehen und durch das fortwährende Wirken des Geistes im Leben der Kirche geprägt werden muss. Diese Art von Tradition beginnt in Gemeinschaft und fließt stets in die Doxologie über.

Aus diesem Grund konnte John Wesley auf der ontologischen Priorität der Liebe in allen Dingen bestehen. Für Wesley ist der Heilige Geist das göttliche Werkzeug, das die Liebe im Gläubigen und in der Kirche erweckt, nährt und vervollkommnet. Seine Pneumatologie konzentriert sich auf die verwandelnde Gegenwart des Geistes, die den Gläubigen die Kraft gibt, die Liebe Gottes durch konkrete Taten der Gnade, Heiligkeit und Gemeinschaft zu verkörpern. Diese vom Geist geprägte Liebe ist nicht peripher zur Lehre, sie ist ihr Herz. Sein berühmter Satz "Wenn dein Herz wie mein Herz ist, gib mir deine Hand" war keine Ablehnung der Lehre, sondern die Erkenntnis, dass rechter Glaube nur dann recht ist, wenn er aus rechter Liebe erwächst. Wesleys Lehre war immer relational, immer im Leben der Kirche verankert. Glaube war wichtig, aber nur als Weg, die Gemeinschaft zu vertiefen, die Gott bereits begonnen hatte.

In der wesleyanischen Vorstellung darf die Lehre also niemals die Gnade überholen. Die Kirche bekennt ihren Glauben nicht, um Einheit zu schaffen. Die Kirche bekennt ihren Glauben, weil sie bereits am Leben des dreieinigen Gottes teilhat, des Gottes, der Gemeinschaft ist und dessen Liebe das Feuer ist, aus dem jedes Glaubensbekenntnis gesprochen werden muss.

Lehre in der Praxis
Die Gnadenmittel

Die Lehre lebt, wenn sie im Rhythmus der Gnade und der Gemeinschaft der Kirche gelebt wird, wenn sie als lebendiges Bekenntnis der Kirche Gestalt annimmt, nicht nur in Worten, sondern in der gemeinsamen Praxis der Liebe und der Gemeinschaft. Auf diese Weise wird die Lehre zum Zeugnis der Kirche für die bereits empfangene Gnade und verkörpert ihre Berufung, ihr lebendiges Zeugnis für die Treue der Liebe Christi zu sein.

Lehre ist nicht nur etwas, woran die Kirche glaubt, sondern etwas, das sie tut. Diese verkörperte Praxis der Lehre bekräftigt die zentrale Aussage des Kapitels: Lehre lebt nicht in der Abstraktion, sondern in der treuen Umsetzung des gemeinsamen Lebens der Kirche. Sie wird im Leben des Leibes gelebt, geatmet, gebetet und praktiziert. Die Wahrheiten, die die Kirche bekennt, sind nicht in der Abstraktion aufgehoben; sie gründen im Gottesdienst, werden im Gebet gestärkt, in den Sakramenten verkörpert und im Gottesdienst umgesetzt. Die Lehre ist am treuesten, wenn sie an dem Leben teilhat, das sie verkündet: dem dreieinigen Leben Gottes, das in Liebe ausgegossen wird.

Aus diesem Grund verortete John Wesley den Kern der Theologie nicht in scholastischen Spekulationen, sondern in dem, was er die Gnadenmittel nannte. Für Wesley waren diese Mittel nicht bloße Andachtsübungen, sondern vom Geist erfüllte Begegnungen, die das Leben und Zeugnis der

Kirche prägten. Durch die aktive Gegenwart des Geistes wurden diese Praktiken zu Instrumenten der Heiligung und Gemeinschaftsbildung. Sie verkörperten die Grammatik der göttlichen Liebe in Aktion und prägten das Lehrleben der Kirche durch gelebte Begegnung, geteilte Gnade und empfänglichen Glauben. Sie prägten sowohl die von der Kirche verkündete Lehre als auch die von ihr verkörperte Liebe. Dies waren die gewöhnlichen Kanäle, durch die Gottes Liebe empfangen, beantwortet und erwidert wird – im Gebet, in der Erforschung der Heiligen Schrift, beim Abendmahl, im Fasten, in christlichen Konferenzen und in Werken der Barmherzigkeit. Lehre war für Wesley keine Theorie, über die man debattieren konnte, sondern Gnade, der man begegnen musste. Wenn sie nicht gebetet, gesungen oder in Liebe gelebt werden konnte, musste sie reformiert werden.

Auf diese Weise ist die Lehre der Kirche untrennbar mit ihrer Praxis verbunden. Die Auferstehung Christi zu verkünden bedeutet, sich am Tisch zu versammeln. Die Dreifaltigkeit zu bekennen bedeutet, in Gemeinschaft zu leben, im Namen des Vaters, des Sohnes und des Heiligen Geistes zu taufen, in Beziehung zu segnen und gesegnet zu werden. Die Lehre wird jedes Mal als Lehrpraxis umgesetzt, wenn wir vergeben, wie uns vergeben wurde, oder wenn wir einander die Lasten tragen – eine Vision, die Augustinus aufgreift, der schrieb: "Der Glaube wirkt durch die Liebe" (Gal 5,6). Damit erinnert er uns daran, dass die Lehre, richtig gelebt, sich immer in Taten der Nächstenliebe und Versöhnung ausdrückt. Sie wird in der Doxologie umgesetzt. Sie wird in der Mission konkret.

Wie William J. Abraham in seiner Enthüllung des kanonischen Erbes der Kirche betonte, sind die Gnadenmittel für die Theologie keine Randerscheinung, sondern ihre Quelle und Struktur. Der Kanon ist nicht nur die Heilige Schrift, sondern das sakramentale, liturgische, gemeinschaftliche und geistliche Leben der Kirche, durch das Christus gegenwärtig wird. Die Lehre entspringt diesem Leben und muss dorthin zurückkehren.

Die wesleyanische Tradition verkörpert diese integrative Vision, indem sie zeigt, dass die Lehre nicht nur gelehrt, sondern auch praktiziert wird, verkörpert im gelebten Bekenntnis der Kirche zur Treue Christi durch eine vom Geist geleitete Gemeinschaft, ein sakramentales Leben und Werke der Barmherzigkeit. Damit bietet sie ein Korrektiv zu modernen Tendenzen, die die Lehre auf abstrakte Systeme oder privatisierten Glauben reduzieren. Stattdessen verortet sie die Lehre in den vom Geist geleiteten Praktiken eines von Gnade geprägten Gemeinschaftslebens und zeigt, dass theologische Wahrheit verkörpert, relational und transformativ sein muss. In ihrer Theologie geht es nicht nur um Gnade, sondern um Gnade in Bewegung. Die Kirche versammelt sich nicht nur, um Ideen zu bekräftigen, sondern um von Liebe geprägt zu werden, um immer wieder in den Rhythmus der Selbsthingabe Gottes hineingenommen zu werden. Wesley glaubte, dass alle Gebote Gottes in Gottes Verheißungen gekleidet sind; so sind auch die Lehren der Kirche, wenn sie den Glauben Christi verkörpern, der von der Energie der Liebe Gottes erfüllt ist. Jedes davon ist eine Einladung zur Gnade, eine Aufforderung zur Gemeinschaft, ein Aufruf, in Liebe zu wandeln.

Wenn die Lehre von diesen Praktiken getrennt wird, wird sie starr und brüchig. Doch wenn sie im Leben der Kirche durch Eucharistie und Gesang, Heilige Schrift und Gottesdienst, Versöhnung und Gebet fließt, wird sie zu einem Feuer, das uns formt und reformiert. Sie wird zu dem, was sie immer sein sollte: ein Mittel der Gnade, ein verkörperter Ausdruck des lebendigen Bekenntnisses der Kirche, geformt von Liebe und getragen vom Heiligen Geist.

In diesem Licht könnten wir sagen, dass die Lehre keine Schlussfolgerung, sondern eine Weihe ist, ein verkörperter Ausdruck der Identität der Kirche als lebendiges Bekenntnis des Glaubens und der Treue zu Christus. Sie grenzt nicht nur Wahrheiten, sondern Leben ab. Sie kennzeichnet das Volk Gottes als eine Gemeinschaft, die nicht nur dazu berufen ist, an die Liebe zu glauben, sondern sie auch zu praktizieren, bis jeder Akt der Anbetung, jedes Teilen von Brot, jedes Werk der Barmherzigkeit selbst zum Bekenntnis wird: Christus ist auferstanden. Der Geist ist hier. Und Gott ist Liebe.

Bildung durch Glaubensgewohnheiten

Die Lehre wird dauerhaft, wenn sie im Rhythmus der Gnade geformt und im Leben der Kirche erlernt wird, wenn sie durch die Praxis verkörpert, im Gottesdienst genährt und in der Gemeinschaft gelebt wird. Diese Beständigkeit entsteht nicht durch Starrheit, sondern dadurch, dass sie in der Gnade verwurzelt ist und durch das gemeinsame Leben der Kirche getragen wird.

Die Lehre formt uns nicht alle auf einmal. Sie wurzelt in Wiederholung, Beziehung und treuer Praxis, verkörperten Realitäten, durch die die Kirche zum lebendigen Bekenntnis des Glaubens und der Treue Christi wird. Aus diesem Grund war die Kirche schon immer mehr als eine bekennende Gemeinschaft, sie ist eine Schule der Liebe, ein Körper im Werden. In der wesleyanischen Tradition wird die Lehre nicht als feste Formel aufgezwungen, sondern in den Glaubensgewohnheiten kultiviert, anders als Traditionen, die intellektuelle Zustimmung als Maßstab der Orthodoxie priorisieren. Wesleys Ansatz bietet ein Korrektiv: Die Lehre wird nicht durch Zwang geformt, sondern durch die Praxis geteilter Gnade, wobei der Glaube in Beziehungen des Vertrauens, des Gebets und der Liebe geformt wird, die durch gemeinsames Gebet, Lobpreis und Jüngerschaft entstehen.

John Wesley verstand dies klar. Sein Modell christlicher Bildung durch Klassentreffen, Bandtreffen und Vereine wurzelte in der Überzeugung, dass Glaube gemeinschaftlich gepflegt werden muss. Glaube wächst in der Nähe anderer, wo wir lernen, gemeinsam zu beten, gemeinsam Buße zu tun, die Lasten des anderen zu tragen und uns an der Gnade zu erfreuen. In diesen Räumen geht es bei der Lehre nicht in erster Linie um intellektuelle Meisterschaft; es geht um gegenseitiges Vertrauen. Und aus diesem Vertrauen entsteht Sprache.

Hier entfalten die Hymnen Charles Wesleys ihre besondere Kraft. Sie waren nicht bloß inspirierende Poesie, sondern theologisches Bekenntnis. Im Gesang empfing das Volk Gottes die Lehre nicht als trockene Abstraktion, sondern als gelebte Realität. Sie sangen sich in den Glauben hinein. Als Wesleys Hymnen in Kirchen und Versammlungen widerhallten, formten sie Herz und Verstand. Die Theologie, die sie trugen, entstand aus dem Gebet und kehrte zum Lobpreis zurück – ein doxologischer Rhythmus, der ihre Lehre nicht nur prägend, sondern auch transformierend für das Leben der Kirche machte.

Die frühen Kirchenväter kannten diesen Rhythmus gut. Athanasius beispielsweise verkündete die Menschwerdung als das Mittel, durch das die Menschheit in das Leben Gottes hineingezogen wird, während Kyrill von Jerusalem in seinen Katechesen die Lehrunterweisung mit der Teilnahme an Liturgie und Sakramenten verknüpfte. Beide verkörperten die Lehre als Formung durch Anbetung und Beziehung. Die patristische Theologie war nie eine losgelöste Spekulationsübung. Sie war immer ein Akt der Ehrfurcht. Ihre Lehren wurden oft inmitten von Gebet, Verfolgung und Eucharistie geformt. Sie sprachen von der Dreifaltigkeit nicht als einem philosophischen Rätsel, sondern als dem Namen des Gottes, den sie anbeteten, dem sie begegneten und den sie verehrten.

Lehre ist in diesem Sinne nicht bloße Information, sondern Bildung in der Grammatik der Liebe, eine Gestaltung des Lebens und der Gemeinschaft in der Sprache, die Christi Treue verkörpert. Sie ist Katechese durch Kommunion, Theologie durch Vertrauen, in Liebe geformte Erinnerung. Die Kirche vermittelt nicht einfach Ideen, sie vermittelt eine Lebensweise. Durch tägliche Gebetsgewohnheiten, Werke der Barmherzigkeit, gemeinschaftliche Erkenntnis und sakramentale Anbetung wird das Volk Gottes im Glauben geformt und durch Gnade verwandelt. Wie Wladimir Lossky erklärte: "Wir werden durch Gottes Gnade zu dem, was Gott von Natur aus ist."

Wesley glaubte eindeutig, dass die Gnade und Weisheit, die in den Gnadenmitteln liegt, die uns innewohnende Gegenwart Gottes ist. Athanasius beispielsweise verkündete die Menschwerdung als das Mittel, durch das die Menschheit in das Leben Gottes hineingezogen wird, während Kyrill von Jerusalem in seinen Katechesen die Lehre mit der Teilnahme an Liturgie und Sakramenten verknüpfte. Beide verkörperten die Lehre als

Formung durch Anbetung und Beziehung. An diesen Gnadenmitteln teilzuhaben bedeutet, an Gott teilzuhaben. Indem wir diese Gnadenmittel nutzen, werden wir durch Gottes Gnade so liebevoll, wie Gott von Natur aus liebevoll ist. Die Gnadenmittel zu nutzen bedeutet, die Liebe zu praktizieren, die Gott ist.

Deshalb betonte Wesley, dass die Gnadenmittel mit Beständigkeit und Freude ausgeübt werden müssen – nicht um Gottes Gunst zu erlangen, sondern um für sie offen zu bleiben. Wenn Glaube zur Gewohnheit wird und Gewohnheit zum Charakter, wird die Kirche zu dem, was sie glaubt. Sie entsteht nicht in Isolation, sondern durch gemeinsames Wiederholen, Gebete am selben Tisch, harmonisch gesungene Kirchenlieder und gebrochenes Brot zum Segen. So wird Glaube Fleisch.

In diesem gemeinschaftlichen Leben lernt man die Lehre nicht nur durch Hören, sondern durch Handeln. Durch diese verkörperten Glaubensakte offenbart sich die Kirche als lebendiges Bekenntnis des Glaubens und der Treue Christi. Wir lernen sie, wenn wir vergeben, wenn wir beichten, wenn wir segnen und gesegnet werden. Wir sprechen sie aus, indem wir uns zeigen, wie wir uns erinnern, wie wir hoffen. Dies ist das langsame, treue Werk des Geistes Gottes, der uns die Sprache der Liebe gewandt macht, bis die Lehre nicht nur etwas wird, das wir bekennen, sondern etwas, das wir verkörpern.

Korrektur durch Kommunion

Die Lehre wird nicht durch Starrheit bewahrt, sondern durch Beziehungen, die durch Liebe gewissenhaft korrigiert werden.

Die Lehre ist nicht statisch. Sie ist kein Fossil aus der Vergangenheit, sondern ein Feuer, das in der Gegenwart weiterbrennt, ein Feuer, das die vom Heiligen Geist entzündete Pfingstflamme widerspiegelt, den Glauben der Kirche weiterhin entzündet und ihren Weg durch Gemeinschaft, Liebe und Anbetung erleuchtet. Ein Feuer, das durch das gemeinschaftliche Leben der Kirche, den Gottesdienst und die gemeinsamen Gnadenpraktiken erhalten und gepflegt wird. Auf diese Weise bleibt die Lehre eine lebendige Flamme, die die Kirche als verkörpertes Bekenntnis der Treue Christi erleuchtet und verwandelt. Und wie jedes lebendige Feuer muss sie gepflegt werden. Das bedeutet, dass die Lehre korrigiert werden muss. Doch Korrektur geschieht in der Kirche nicht durch Zwang oder Kontrolle. Sie geschieht durch Gemeinschaft.

Seit den frühesten Tagen der Kirche wurde Theologie im Gespräch, auf Konzilen und Synoden, in Briefen und Bekenntnissen, unter Tränen und im Gebet geformt. Selbst Häresie, wie HEW Turner bemerkte, trägt zur Klärung der Orthodoxie bei, nicht nur durch Ausgrenzung, sondern durch tiefere Unterscheidung. In Liebe getragen, wird Meinungsverschiedenheit zu einem Mittel der Gnade. Sie sind wie "stille Orthodoxien", unausgesprochene oder verborgene Wahrheiten, die in den Hintergrund geraten, weil wir sie nicht durch die Linse der Liebe sehen. Doch im Laufe der Geschichte hat die Kirche solche Wahrheiten wiederentdeckt, wenn der Geist uns die Augen öffnete, sei es bei der Wiederherstellung der Würde der Frau, der Bekräftigung der Einheit aller Gläubigen über ethnische und kulturelle Grenzen hinweg oder der Erneuerung der zentralen Bedeutung der Gnade gegenüber der Gesetzlichkeit. Diese Momente zeigen, dass vergessene oder verdrängte Wahrheiten wiederentdeckt werden können, wenn Gemeinschaft über Kontrolle gestellt wird. Diese "stillen Orthodoxien" bergen das Potenzial, uns zu zeigen, wo in unseren Lehren die "Häresien der Liebe" liegen. Die Kirche korrigiert ihre Lehre nicht, um Argumente zu gewinnen, sondern um ein glaubwürdigeres Zeugnis für die Liebe Gottes abzulegen.

Häresien sind wie "stille Orthodoxien", die uns zeigen können, wo in unseren Lehren die "Häresien der Liebe" stecken – jene Lehrverzerrungen, die zwar doktrinär präzise sind, aber die radikale Liebe im Herzen des Evangeliums nicht widerspiegeln oder fördern. Die stillen Orthodoxien der Liebe sind Orte, an denen Wahrheit von Gnade getrennt ist und an denen die Gemeinschaft die Lehre wieder auf ihren Mittelpunkt, die selbstlose Liebe Christi, zurückführen muss. Die Kirche korrigiert ihre Lehre nicht, um Argumente zu gewinnen, sondern um die Liebe Gottes treuer zu bezeugen.

Johannes Wesley verstand, dass Lehre an ihren Früchten gemessen werden muss. Seine Frage beschränkte sich nicht auf: "Ist sie wahr?", sondern: "Führt sie zur Heiligkeit? Vermehrt sie die Liebe?" Wenn eine Lehre die Gemeinschaft beeinträchtigte oder die Gnade verdunkelte, musste sie reformiert werden. Wesleys Lehre war von Liebe geprägt und nicht in Polemik gefangen. Seine Konferenzen und Gesellschaften waren Orte gegenseitiger Korrektur, heilige Räume des Zuhörens, in denen Vertrauen die Wahrheit an die Oberfläche kommen ließ.

Das ist das Kennzeichen lebendiger Tradition: Sie bewahrt nicht die Vergangenheit, sondern setzt sich mit ihr auseinander. So kann die Kirche die Lehre weiterhin als ihr fortwährendes Bekenntnis zur treuen Liebe Christi in der Gegenwart verkörpern. Sie hört auf die Stimmen der Gläubigen, gestern und heute, und fragt, was die Liebe heute braucht. Tradition lebt nur, wenn sie auf den Heiligen Geist reagiert. Wenn die Lehre nicht mehr in der Erkenntnis der Liebe wächst, dient sie nicht mehr dem Leib und schadet ihm.

Aus diesem Grund müssen Lehrdebatten in der Kirche auf Doxologie und Demut basieren. Die frühe Kirche hat dies beim Konzil von Jerusalem (Apostelgeschichte 15) vorgelebt, wo die Führer gemeinsam im Gebet die Wahrheit erkannten, und erneut in Nicäa, wo nach einer langen Debatte, die von politischen, kulturellen und theologischen Unterschieden und Perspektiven geprägt war, schließlich Klarheit im Glaubensbekenntnis entstand. Trotz vieler Zwangseinflüsse innerhalb und außerhalb der Kirche war es ein tieferes Zuhören und die Unterscheidung durch den Heiligen Geist im gemeinsamen Gottesdienst und in der theologischen Kommunion, das das Glaubensbekenntnis der Kirche im Nicänischen Glaubensbekenntnis hervorbrachte. Wir verteidigen die Wahrheit nicht, indem wir lauter schreien oder schärfere Grenzen ziehen. Wir verteidigen sie, indem wir zuhören, bekennen, vergeben und in Liebe wandeln. Wenn sich die Kirche um den Tisch versammelt, wird dieser nicht nur zu einem Ort der Gemeinschaft, sondern auch der Korrektur, zu einer Gemeinschaft, die genug glaubt, um verletzlich zu sein und sich läutern zu lassen.

Die Unterscheidung zwischen Korrektur und Erfüllung ist entscheidend. Korrektur bedeutet nicht die Aufgabe des Lehrerbes, sondern dessen fortwährende Erfüllung, die Beseitigung von Verzerrungen, die den Kern des Evangeliums verdunkeln. Erfüllung hingegen ist die Entfaltung dieses Erbes auf neue Weise, die auf neue Erkenntnisse oder Bedürfnisse reagiert, ähnlich wie das umfassendere Verständnis der Dreifaltigkeit in der frühen Kirche als Antwort auf christologische Fragen entstand. Gemeinsam stellen sie sicher, dass die Lehre sowohl ihrem ursprünglichen Telos treu bleibt als auch treu offen für die fortwährende Offenbarung des Geistes, um das Endziel von Gottes Verheißung zu erfüllen. Das Ziel ist nicht, den Glauben, der vorher da war, rückgängig zu machen oder auszulöschen, sondern den Glauben der Vergangenheit in der Gegenwart leben zu lassen, zu korrigieren, was Gottes Verheißung behindert, und zu erfüllen, was die Liebe noch zum Ausdruck bringen möchte. Die Lehre wird treu, wenn sie für die Gnade durchlässig bleibt und stets offen ist für Gottes und unsere Zukunft in der Verheißung der Neuen Schöpfung.

Die Lehre wird nicht durch den Bau von Mauern aufrechterhalten; sie wird durch Vertrauen genährt. Vertrauen, das in der Gemeinschaft gründet, durch gemeinsame Gnadenpraktiken gestärkt und im lebendigen Bekenntnis der Kirche zur Treue Christi verkörpert wird. Auf diese Weise wird die Kirche wieder zu dem, wozu sie immer berufen war: das lebendige Bekenntnis des Glaubens und der Treue Christi, das Zeugnis ablegt von der Liebe, die alles für das Leben der Welt zusammenhält. Dies ist das Werk der Gemeinschaft. Es ist langsam, beziehungsorientiert und vom Geist geleitet. Aber nur so kann die Lehre das bleiben, was sie sein soll: das Zeugnis der Kirche von der Liebe, die alles zusammenhält.

Eine Zugehörigkeit, die glaubt

Der Glaube ergibt sich unmittelbar aus der Verpflichtung der Kirche zur Korrektur in der Gemeinschaft. Er ist nicht die Voraussetzung für Zugehörigkeit, sondern ihre Frucht. Die Lehre verleiht der Liebe, die wir bereits teilen, Ausdruck. Sie ist das verkörperte Bekenntnis einer Kirche, die durch den Heiligen Geist bereits in das Leben Christi aufgenommen wurde.

Wir glauben nicht, um dazuzugehören; wir glauben, weil wir bereits von der Liebe angezogen wurden. Nicht Zustimmung verschafft uns einen Platz, sondern Gemeinschaft lehrt uns sprechen. Diese Wahrheit durchdringt die frühesten Glaubensbekenntnisse der Kirche und hallt im Wirken des Heiligen Geistes von Pfingsten bis heute wider. Zugehörigkeit geht dem Glauben voraus, und Lehre ist die Sprache, die wir im Haus der Liebe Gottes sprechen lernen. In der Kirche verdienen wir unseren Platz nicht durch unser Bekenntnis. Wir bekennen unseren Glauben, weil uns bereits ein Platz am Tisch zugewiesen wurde.

Die tiefsten Wahrheiten der christlichen Lehre sind Bekenntnisse zu Beziehungen. Wenn wir sagen: "Ich glaube", sagen wir nicht nur, dass wir einer Aussage zustimmen, sondern dass wir einer Person vertrauen und dies auch anderen gegenüber tun. Lehre ist gemeinschaftliche Grammatik. Sie ist die gemeinsame Sprache eines Volkes, das lernt, zu lieben, was Gott liebt, und einander als geliebt zu betrachten.

Aus diesem Grund bezeichnen Stephen J. Patterson und andere Galater 3,28 als grundlegendes Glaubensbekenntnis: "Es gibt nicht mehr Juden oder Griechen, Sklaven oder Freie, Mann und Frau; denn alle sind eins in Christus Jesus." Es ist keine Aussage spekulativer Theologie, sondern ein Bekenntnis zur Einheit. Es benennt eine Zugehörigkeit, die durch den Heiligen Geist bereits gesichert ist. Und es ist diese gemeinschaftliche Realität, die Glauben ermöglicht.

In der wesleyanischen Tradition spiegelt sich dies in der Art und Weise wider, wie der Glaube durch Bandtreffen,

Klassentreffen und das verkörperte Leben der Kirche geformt wird. Die Lehre darf sich nie von der Kirche lösen; sie muss immer in ihr wachsen, als eine dynamische Gemeinschaft der Liebe, die vom Heiligen Geist geformt und in der relationalen Vision verankert ist, die im Zentrum der wesleyanischen Theologie steht. Weit davon entfernt, abstrakte Formulierungen zu sein, die von oben auferlegt werden, entsteht die Lehre für Wesley innerhalb der gemeinsamen Ausübung der Gnade und wird durch die Gegenwart des Heiligen Geistes in der Gemeinschaft getragen. Diese Verwurzelung im Gemeinschaftsleben hält die Lehre lebendig, nachvollziehbar und transformativ. Wesley verstand, dass Menschen nicht nur durch Lehre zum Glauben kommen, sondern durch Zeugnis. Indem sie willkommen geheißen werden. Indem für sie gebetet wird. Indem sie gelebte Liebe sehen. Kurz gesagt, durch Zugehörigkeit.

Gottesdienst, Heilige Schrift, Sakramente und geistliche Disziplin sind keine Mechanismen der Torwächter; sie sind der Boden, auf dem der Glaube wächst. Lehre ist eine Frucht dieses Lebens, kein Schutzwall. Allzu oft wird Lehre als Waffe zur Ausgrenzung eingesetzt. Die Frage wurde gestellt: "Was musst du glauben, um hierher zu gehören?" Doch das Evangelium stellt diese Frage auf den Kopf: "Weil du bereits dazugehörst, was darfst du jetzt noch zu glauben wagen?"

Gastfreundschaft, wie sie von Theologen wie dem angesehenen Lettey M. Russell verstanden wird, ist keine Randethik, sondern ein doktrinärer Akt, eine Praxis, durch die die Kirche ihr Bekenntnis von Gottes treuer Liebe in der Welt verkörpert und auslebt. Gastfreundschaft ist nicht nur sozial, sondern theologisch, eine Praxis, die die Kirche durch integrative, gnadenreiche Beziehungen, die mit dieser Umkehrung in Einklang stehen, zu einem lebendigen Bekenntnis von Gottes Treue formt. Wir müssen starre kirchliche Strukturen abbauen und stattdessen die Identität der Kirche auf Gastfreundschaft ausrichten, eine radikal inklusive Aufnahme als Grundlage aller theologischen Reflexion und des gemeinschaftlichen Lebens. Die Identität der Kirche gründet nicht auf einer Hierarchie des richtigen

Glaubens und bischöflicher Kontrolle, sondern drückt sich als Tisch geteilter Gnade aus, der die Lehre durch inklusive Gemeinschaft und gegenseitige Gastfreundschaft verkörpert, wobei die Lehre durch gegenseitigen Dienst und liebevolle Präsenz geprägt wird.

Zugehörigkeit muss man sich nicht verdienen. Sie wird uns durch den Heiligen Geist offenbart, der uns in die Gemeinschaft mit Gott und untereinander führt. Es ist die Gnade, die unsere Ohren öffnet, um das Wort zu hören, die unsere Herzen öffnet, um den Heiligen Geist zu empfangen, die unseren Mund öffnet, um auszusprechen, was wir als Wahrheit erkannt haben: dass Gott Liebe ist und dass wir geliebt werden.

Die Lehre muss in Gemeinschaft geschmiedet und nicht isoliert weitergegeben werden. Sie muss durch gemeinsamen Gottesdienst, sakramentales Leben, barmherzige Taten und gegenseitigen Dienst geprägt werden. Das Bekenntnis der Kirche wird dabei kontinuierlich durch gelebte Liebe geprägt. Wenn wir gemeinsam glauben, tun wir dies im Kontext gegenseitiger Liebe, Verletzlichkeit und Vertrauen. Glaube, der aus Zugehörigkeit entsteht, muss nicht dominieren oder trennen. Er muss nur Zeugnis ablegen und die Wahrheit über die Liebe verkünden, die uns zuerst gefunden hat.

Letztlich lautet die Grammatik der Lehre einfach: Wir gehören dazu. Wir glauben. Wir werden. Dies ist das Werk des Geistes, der uns in Liebe formt, nicht allein, sondern gemeinsam. In Christus. Durch den Geist. Zur Ehre Gottes und zum Leben der Welt.

Glaube und Lehre in der Zukunft der Kirche

Die Kirche verkündet ihre Lehre mit der Stimme der Liebe, nicht um die Zukunft zu kontrollieren, sondern um sie voller Vertrauen und Hoffnung anzunehmen.

Ausgehend vom Rhythmus von Zugehörigkeit, Glauben und Werden geht es bei der Lehre nicht darum, den Glauben dauerhaft zu machen, sondern sie ist das verkörperte Bekenntnis der Kirche zum Glauben und zur Treue Christi, das als lebendiges Zeugnis in Gottes Zukunft weitergetragen wird. Es geht darum, die unendliche, verletzliche Liebe Gottes zu bezeugen, die von Ewigkeit zu Ewigkeit währt. Während die Kirche in eine ungewisse Zukunft geht, wenn auch eine Zukunft voller Hoffnung und Verheißung, darf die Lehre nicht zu einem Relikt werden, das wir verteidigen, sondern muss zu einem lebendigen Zeugnis werden, das wir weiterhin in Demut, Glauben und Liebe aussprechen. Was bleibt, ist nicht die Form unserer Worte, sondern der Geist, der durch sie weht.

Die Zukunft der Lehre hängt von ihrer Bereitschaft ab, offen zu bleiben für den Heiligen Geist – denselben Geist, der zu Pfingsten die Herzen entflammte und der Kirche eine neue Sprache der Liebe und des Zeugnisses schenkte. Die Lehre muss offen bleiben, denn der Heilige Geist spricht immer wieder neu und führt die Kirche immer tiefer in Gottes verletzliche, verwandelnde Liebe. Das bedeutet nicht, unsere Vergangenheit zu vergessen. Es bedeutet, ihr mit tieferer Ehrfurcht und größerem Vertrauen zuzuhören. Es bedeutet zu erkennen, was der Heilige Geist jetzt sagt, im Lichte dessen, was zuvor treu gesagt wurde. Die Lehre darf niemals in der Zeit eingefroren bleiben. Sie muss in Bewegung bleiben, getragen vom Leben der Kirche, während diese in der Liebe Gottes wächst.

John Wesley brachte diese Vision auf den Punkt, als er betonte, die Kirche müsse "zur Vollkommenheit streben", nicht nur in Richtung persönlicher Heiligkeit, sondern hin zu einer tieferen Teilhabe am dreieinigen Leben Gottes. Christliche Vollkommenheit ist nicht das Ende des Strebens, sondern die immer tiefer werdende Gemeinschaft mit Gott, der die Lehre dienen, die sie gestalten und ausdrücken muss. Sie strebt nicht einfach nach einem persönlichen oder kirchlichen Ideal, sondern nach einer zukünftigen Grammatik der Lehre, die in Gemeinschaft und Wandlung geformt wird, nicht nach einem abgeschlossenen Gedankensystem, sondern nach einer vollkommeneren Liebe. Lehre ist kein statisches Wissen, sie ist unendliche Liebe, die sich immer weiter ausdehnt, und daher suchen unsere Lehren für ihre Reise immer nach einer neuen Grammatik des Glaubens und Verständnisses. Sie ist die sich entfaltende Artikulation der

Reise der Kirche zu Gott. Sie muss immer durch Gebet, Gemeinschaft, Leiden und Freude geformt werden.

Die Lehre, insbesondere die Trinitätslehre, ist niemals ein abstrakter Rahmen, der dem göttlichen Mysterium übergestülpt wird, sondern ein doxologischer Ausdruck des Gottes, der uns in Liebe begegnet. Catherine LaCugnas großartiges Buch " *Gott für uns*" lehrt uns, dass Theologie stets der Gemeinschaft dienen muss, sie muss aus dem Leben der Kirche hervorgehen und zu ihr zurückkehren. Eine zukunftsorientierte Lehre ist zugleich relational und entsteht in der gemeinsamen Verletzlichkeit, die durch die Hineinnahme in das Leben Gottes entsteht.

Im Bekenntnis der Kirche geht es nie um Flucht vor der Geschichte, sondern um Teilhabe an Gottes erlösender Zukunft. Die Auferstehung Jesu ist nicht nur der Angelpunkt der Geschichte, sondern auch die Quelle unserer Hoffnung. Die Kirche bezeugt durch ihr Leben die kommende Erneuerung aller Dinge. Daher ist die Lehre nicht nur rückblickend, sondern vorausschauend. Sie blickt hoffnungsvoll nach vorn und trägt die Erinnerung an Gottes Treue in die Verheißung der Neuen Schöpfung hinein.

Das Feuer der Liebe Gottes, das die frühen Glaubensbekenntnisse prägte, muss dasselbe Feuer sein, das unser heutiges Zeugnis prägt. Die Lehre muss aus diesem Feuer heraus verkündet werden, sonst bleibt sie aus. Denn es ist der Geist, der dieses Feuer entzündet, der das Zeugnis der Kirche belebt und der weiterhin durch die Lehre spricht, wenn sie aus Gemeinschaft, Gebet und Liebe entsteht. Wenn sie nicht im Gebet geboren, von Liebe beseelt und der Hoffnung zugänglich ist, dann hört sie auf zu dienen. Lehre, die nicht segnet, kann nicht glauben. Sie wird brüchig, und die Welt wendet sich zu Recht ab.

Doch es gibt noch einen anderen Weg. Die Lehre kann die Zukunft als Geschenk annehmen. Sie kann zur Liebespoesie der Kirche werden und die Gnade mit einer Sprache bezeugen, die zugleich alt und neu ist. Wenn die Lehre in der Gemeinschaft verwurzelt ist, kann sie frei und mutig, prophetisch und pastoral sprechen. Sie kann neue Dialekte lernen. Sie kann neue Lieder singen.

Das Zeugnis der Kirche wird glaubwürdig bleiben, nicht weil sie die Kultur kontrolliert, sondern weil sie weiterhin liebt. Die Lehre wird Bestand haben, nicht weil sie aufgezwungen wird, sondern weil sie in einem Leben der Heiligkeit, Gastfreundschaft und Hoffnung verkörpert wird – einem Leben, das gemeinsam die Berufung der Kirche als lebendiges Bekenntnis des Glaubens und der Treue Christi bezeugt. Die Kirche verkündet und verkörpert die Frohe Botschaft Christi für das Leben der Welt.

Deshalb muss die Arbeit an der Lehre mit dem Gebet verbunden bleiben, in der Gemeinschaft gestaltet und von der Vorstellungskraft des Heiligen Geistes beflügelt werden. Nur dann kann sie mit einer Stimme sprechen, die immer noch wie eine gute Botschaft klingt. Die Kirche verkündet die treue Lehre nicht als Grammatik der Liebe Gottes, um die Wahrheit zu besitzen, sondern um von ihr besessen zu werden, um immer wieder in das Geheimnis Christi, des fleischgewordenen Wortes, eingetaucht zu werden.

Wenn wir in die Zukunft blicken, dürfen wir die Lehre nicht als Gesetz, sondern als Liebe lehren. Wir dürfen sie nicht nur in Büchern festhalten, sondern in unserem Leben, geprägt vom fortwährenden Wirken des Heiligen Geistes durch die gemeinschaftlichen Praktiken der Kirche in Gebet, Anbetung und Liebe. Und wir dürfen sie nicht bekennen, um die Vergangenheit zu bewahren, sondern um den Weg für Gottes verheißene neue Schöpfung zu bereiten. So wird aus Lehre Hoffnung.

Und so wird die Kirche zu dem, was sie glaubt: der lebendige Leib Christi, der das Wort in der Sprache der Liebe spricht.

Bekenntnis zum zukünftigen Glauben der Kirche

Wir glauben an die Liebe, die nicht sterben kann.
Wir glauben an den auferstandenen und Fürsprache einlegenden Christus. Wir glauben an den Geist, der durch unsere Lehre weht und unsere Hoffnung formt. Wir glauben, dass die Kirche der lebendige, atmende Leib Christi ist, berufen, den Glauben Christi zu verkörpern, die Frohe Botschaft zu verkünden und mit der Liebe zu lieben, die die unendliche, verletzliche Liebe Gottes ist, und Gottes Zukunft willkommen zu heißen.

Auftrag der verkörperten Lehre:

Lasst uns deshalb die Lehre als Liebe lehren.
Lasst uns bekennen, nicht um zu kontrollieren, sondern um zu
dienen. Lasst uns mit unserem Leben Theologie schreiben. Lasst
uns voranschreiten, um zu werden, was wir glauben, um zu
sprechen, was wir empfangen haben, und um zu leben, was wir
bekennen:
dass Christus auferstanden ist,
der Geist hier ist und Gott Liebe ist.

Kapitel Vier
Erinnerte Lehre
Die Geschichte, die die Kirche prägt

"Tut dies zu meinem Gedächtnis."
Lukas 22,19
"Tradition ist der lebendige Glaube der Toten; Traditionalismus
ist der tote Glaube der Lebenden."
Jaroslav Pelikan

Tradition als Erinnerung in Bewegung

Am Ende von Kapitel 3 haben wir gesehen, wie die Kirche als verkörpertes Glaubensbekenntnis die Lehre nicht als starre These, sondern als vom Geist gegebenes Zeugnis gelebter Liebe in Gemeinschaft darlegt. Kapitel 4 untersucht nun, wie dieses Bekenntnis auch eine lebendige, hoffnungsvolle und transformierende Erinnerung ist. Die Lehre als erinnerte Wahrheit ist kein Relikt, sondern ein Rhythmus, ein theologisches und liturgisches Muster, das das Leben der Kirche durchdringt, von der Erinnerung geformt, vom Geist getragen und auf Gottes verheißene Zukunft ausgerichtet: ein vom Geist inspiriertes Erbe, das Vergangenheit, Gegenwart und Zukunft verbindet. Dieses Kapitel entfaltet, wie Tradition zur Grammatik wird, durch die die Kirche sich in Liebe erinnert, in Liebe korrigiert wird und von Liebe zur Neuen Schöpfung getragen wird.

Tradition lebt, wenn sie vom Geist erfüllt ist, der die verheißene Zukunft in die Gegenwart der Kirche bringt. Das Gedächtnis der Kirche ist kein Rückblick, sondern ein vom Geist beseeltes Zeugnis der Kontinuität von Gottes Erlösungshandeln über die Zeit hinweg. Weil der Geist der Herr der Zeit ist, über der Schöpfung wacht, zu Pfingsten herabsteigt und alles in Christus zur Vollendung führt, wird Tradition zu einer pneumatologischen Vermittlung von Vergangenheit, Gegenwart und Zukunft. Sie ist Erinnerung in Bewegung.

Lebendige Tradition ist nicht die Bewahrung der Vergangenheit, sondern die Verwandlung der Vergangenheit in die Gegenwart durch den Einbruch des Heiligen Geistes in die verheißene Zukunft. Diese Zukunft gibt der Tradition ihre Gestalt als Grammatik der göttlichen Liebe, die die Kirche zu allen Zeiten als vom Geist inspirierte Antwort auf Gottes Treue verkündet. Wenn sich die Tradition von der Neuheit des Heiligen Geistes abschneidet, verhärtet sie sich zum Traditionalismus, dem, was Jaroslav Pelikan "den toten Glauben der Lebenden" nennt. Doch wenn sie mit der Energie der Liebe atmet, erinnert sie uns nicht nur daran, wo wir waren, sondern auch daran, wohin Gott uns führt. Sie wird zur Flamme der Liebe statt zum Fossil der Gewohnheit.

Diese Flamme entzündet sich am lebendigsten am Tisch. Christi Gebot "Tut dies zu meinem Gedächtnis" ist keine Nostalgie, sondern eschatologische Anrufung. In der Eucharistie ist dieses Erinnern mehr als nur ein mentales Abrufen; es ist Anamnesis, ein lehrmäßiger Akt, in dem Erinnerung, Hoffnung und gemeinschaftliche Identität verschmelzen. Hier tritt die Kirche in das Mysterium der Gegenwart Christi ein und bezeugt die Treue Gottes, indem sie den Leib in Liebe, in der Zeit und in Erwartung der Neuen Schöpfung wieder zusammenführt. Am Tisch erinnert sich die Kirche in der Gegenwart ihrer Vergangenheit und in Erwartung ihrer Zukunft. Die Eucharistie ist Anamnesis, sakramentales Gedächtnis, das den Leib wieder zusammenführt und die Welt neu gestaltet. Sie ist ein göttlicher Akt des Erinnerns, der alles in Christus wieder verbindet und neu ordnet: Was zerbrochen, ausgeschlossen oder überholt war, wird in Gottes Zukunft aufgenommen. In der Verheißung Gottes wird nichts verworfen. Im Atem Gottes werden sogar trockene Knochen wieder lebendig.

Hesekiels Vision vom Tal der verdorrten Gebeine (Hesekiel 37) fängt dieses Wiedererinnern ein. Der Geist haucht vergessenen Fragmenten Leben ein und erweckt sie zur Gemeinschaft. Der Geist erinnert das Haus Israel wieder, erweckt, stellt wieder her und belebt es neu. Ebenso ist das Gedächtnis der Kirche kein passives Erinnern, sondern ein Akt der Auferstehung: ein Hervorrufen des Lebens aus dem scheinbar Vergessenen. Erinnern ist ein lebendiger Akt des Glaubens, der Liebe und der eschatologischen Vorstellungskraft. Erinnerung wird zur vorwegnehmenden Teilnahme an der Neuen Schöpfung.

Dies ist der Rhythmus der vom Geist erfüllten Tradition. Sie erinnert nicht daran, zu bewahren, sondern zu verändern. Tradition lebt, wenn sie tief vom Geist durchdrungen ist. John Wesleys Vision der Kirche als "neue Wohnstätte Gottes im Geist" spiegelt diese Dynamik wider. Für Wesley ist die Kirche eine Gemeinschaft der Verheißung, in der Lehre, Gebet und Mission aus der Gemeinschaft mit dem göttlichen Leben entstehen. Vom Geist belebte Erinnerung wird zur Teilhabe an der zukünftigen Herrlichkeit, die bereits begonnen hat.

Tradition versteht man nicht als statisches Erbe, sondern als fortwährenden Akt der Auslegung durch den Heiligen Geist, der durch die Aufmerksamkeit der Kirche gegenüber der Heiligen Schrift, dem Sakrament und der Stille aufrechterhalten wird. Diese Gewohnheit der Aufmerksamkeit ist selbst eine Art Grammatik der Liebe, die im Laufe der Zeit durch das treue Zeugnis des Heiligen Geistes geformt wurde. Sie unterstreicht, dass das Lehrgedächtnis kein passives Erinnern ist, sondern aktive, vom Heiligen Geist geleitete Teilnahme an Gottes sich entfaltender Verheißung. Tradition ist die vom Heiligen Geist geformte Gewohnheit der Aufmerksamkeit der Kirche, ihr betendes Erkennen von Gottes Stimme im Laufe der Zeit, geformt durch Heilige Schrift, Stille und sakramentale Begegnung. Aufmerksames Gedächtnis und Zukunftsvision prägen die Lehre nicht als statisches Archiv, sondern als dynamische Orientierung auf das Einbrechen des Neuen, als im Heiligen Geist erinnerte Lehre, nicht nur zur Bewahrung, sondern als Grammatik der Liebe, die auf Gottes Zukunft ausgerichtet ist. Tradition ist die vom Heiligen Geist geformte Gewohnheit der Aufmerksamkeit der Kirche, ihr betendes Erkennen von Gottes Stimme im Laufe der Zeit, geformt durch Heilige Schrift, Stille und sakramentale Begegnung.

Tradition ist also kein Anker, der uns zurückzieht, sondern ein Segel, das den Wind des Geistes einfängt, ein

Segel, das von der eucharistischen Erinnerung geformt und von eschatologischer Hoffnung getragen wird und die Kirche mit dem Atem des Geistes in Gottes sich entfaltende Zukunft zieht. Dieses Bild spiegelt den Bogen des Kapitels wider, in dem der Geist durch Erinnerung, Korrektur, Erfüllung und Verkörperung atmet und die Kirche in den weiten Horizont von Gottes verheißener Zukunft zieht. Dieses Segel wird von den Winden der Zukunft Gottes gesetzt, Hoffnung formt die Erinnerung. Das Segel wird durch andächtige Aufmerksamkeit und kontemplative Einsicht stabil gehalten und auf Versöhnung, Heilung und Gastfreundschaft ausgerichtet.

Die Tradition spricht also mit einer Grammatik der Liebe, die im Lauf der Zeit geformt wurde und immer wieder vom Heiligen Geist neu ausgesprochen wird, der das Leben der Kirche in der Gegenwart belebt und sie zur Fülle Christi führt. Sie erdet uns in Gottes Treue und treibt uns zugleich zu neuen Ausdrucksformen der Liebe, die sich noch entfalten. "Der den Heiligen einst überlieferte Glaube" bleibt in der Liebe beständig, doch seine Sprache, Formen und Möglichkeiten erweitern sich ständig, da der Geist, die Energie der unendlichen, verletzlichen Liebe Gottes, weiterhin spricht und die Schöpfung ins Neue singt.

Tradition und der Geist der Korrektur

Wenn Tradition eine Erinnerung in Bewegung ist, dann muss sie auch eine Erinnerung sein, die bereit ist, reformiert zu werden, ein Segel, kein Anker, offen für den Wind des Geistes, der die Kirche vorwärtszieht. Während wir uns von der Erinnerung zur Korrektur bewegen, erneuert derselbe Geist, der den Leib wieder zusammenführt, nun sein Zeugnis. Dieser Abschnitt führt von der Schönheit lebendiger Erinnerung zu ihrer Verletzlichkeit: Die Tradition muss offen bleiben für die Korrektur des Geistes. Die Lehre, die wir erben, steht nicht über der Verfeinerung, sie wird geformt und umgestaltet durch die Liebe, die sie zu tieferer Treue ruft. Hier lauscht die Kirche auf die Stimme, die noch spricht, im Vertrauen darauf, dass die göttliche Liebe nicht nur erinnert, sondern erneuert.

Tradition ist lebendig, wenn sie sich dem Werk des Geistes der Korrektur, Verfeinerung und Heiligung hingibt. Korrektur ist nicht Ablehnung der Tradition, sondern vertiefte Treue. Wie die historischen Bekenntnisse der Kirche zeigen – etwa die Verfeinerung der christologischen Lehre zwischen Nicäa und Chalcedon –, entsteht Korrektur oft dadurch, dass man aufmerksamer auf das Evangelium und treuer auf den Geist hört. In solchen Momenten gibt die Kirche ihr Erbe nicht auf, sondern versucht, es wahrhaftiger zu bezeugen, indem sie loslässt, was "jetzt" die Erfüllung der nahenden Zukunft von Gottes Verheißung behindert. Wenn die Lehre die Grammatik des Glaubens und der Liebe der Kirche ist, dann ist die fortlaufende Korrektur der Lehre das fortwährende Werk der Liebe. Auf diese Weise beschneidet und erneuert der Geist die Kirche, damit die Tradition Christus klarer bezeugen und treuer in die unendliche, verletzliche Liebe hineinschreiten kann, die niemals endet.

So wie der Einzelne durch Gnade geheiligt wird, so wird auch das gemeinsame Glaubensbekenntnis der Kirche geheiligt. Korrektur ist die Disziplin des Geistes aus Liebe. Wenn sich die Tradition der Korrektur widersetzt, verknöchert sie und stirbt. Bleibt sie jedoch offen und verletzlich für die Stimme des Geistes, wird sie durch die vollkommene Liebe Gottes in Freude und Treue reformiert.

Diese duale Bewegung dessen, was Pelikan "Korrektur und Erfüllung" nennt, ist eine vom Geist geleitete Dynamik, die die apostolische Kontinuität aufrechterhält und gleichzeitig neue Ausdrucksformen der Liebe entfaltet. Sie stellt sicher, dass die Lehre sowohl verwurzelt als auch empfänglich bleibt: verwurzelt im einst überlieferten Glauben, aber dennoch empfänglich für den Geist, der die Tradition im Licht der fortwährenden Selbstoffenbarung Gottes korrigiert, erneuert und erfüllt. Der Geist gewährleistet sowohl die Kontinuität des apostolischen Glaubens als auch seine Verwandlung in Liebe. Korrektur ist nicht bloß eine Anpassung der Lehre, sondern die gnädige Initiative des Geistes, die Tradition stärker mit dem sich entfaltenden Mysterium Christi in Einklang zu bringen. Erfüllung ist also nicht Vollendung als Abschluss, sondern

Erfüllung als tiefere Teilhabe am göttlichen Leben, das die Kirche fortwährend erneuert. Die frühe Kirche hat dies zutiefst verstanden.

Die großen Konzile von Nicäa, Konstantinopel und Chalcedon waren nicht bloß Lehrschlachten oder politische Notwendigkeiten. Sie waren ein von Gebet und Mühe erfülltes Bemühen, das Geheimnis Gottes treu zu bezeugen. Wir sind von der Wahrheit erfüllt und haben daher durch Glauben, Hoffnung und Liebe Anteil an ihr. Unsere Lehren sind vorläufig, nicht weil die Wahrheit instabil wäre, sondern weil das Eindringen von Gottes Zukunft in unsere unsere unsere Sichtweise durch Glauben, Hoffnung und Liebe ständig verändert. Gottes Verheißung ist kein festes Archiv, sondern eine Zukunft, die immer näher rückt. Der Geist führt uns weiterhin in alle Wahrheit (Johannes 16,13), nicht als Endpunkt, sondern als Pilgerreise zu immer tieferer Teilhabe an Christus. Wenn wir über den Horizont blicken und die Zukunft Gottes auf uns zukommen sehen, sehen wir nicht das Ende aller Wahrheit, sondern den Anfang aller Wahrheit, die so unendlich ist wie die unendliche, verletzliche Liebe, die Gott ist.

Tradition und die Erfüllung des Versprechens

Wenn Korrektur die Tradition für ihre heiligende Erneuerung öffnet, wie Feuer läutert und Atem belebt, dann führt sie die Erfüllung zu ihrem strahlenden Ende, getragen von der fortschreitenden Gnade des Geistes. Vom Beschneiden bis zur Blüte muss die Grammatik der Lehre nicht nur von dem geprägt sein, was empfangen wurde, sondern auch von dem, was Gott zu vollenden versprochen hat. Abschnitt 3 wendet sich nun von der Korrektur zur Vollendung, vom läuternden Feuer des Geistes zum Horizont der vollen Ankunft der Liebe. Die Kirche, geformt in der Erinnerung, bewegt sich nun in Hoffnung auf Reife.

Tradition lebt, wenn sie sich der Zukunft öffnet, die sie bekennt: der Erfüllung der Liebe Gottes. Christliche Tradition ist eschatologisch, bevor sie historisch ist. Sie ist nicht bloß eine rückwärtsgewandte Erinnerung, sondern ein nach vorn gerichtetes Zeugnis der Verheißungen Gottes.

Tradition trägt die Erinnerung an göttliche Treue in sich, gerade weil sie auf die Zukunft vertraut, die die Erinnerung vorwegnimmt. Auf diese Weise wird Tradition zu einem Gefäß der Verheißung, zu einem Zeugnis dafür, dass das, was Gott begonnen hat, vollendet wird.

Tradition ist also kein statischer Schatz unveränderlicher Wahrheiten, sondern ein lebendiger Strom der Liebe, der seinem Telos in Christus entgegenströmt, getragen von den Worten der Liturgie, dem Rhythmus der Beichte und der treuen Improvisation eines Lebens, das in der Gnade verwurzelt und von der Hoffnung geleitet ist. Sie erinnert nicht nur an das, was gesagt und getan wurde, sondern auch an das, was versprochen wurde und sich noch entfaltet. Sie besingt das, was noch kommen wird.

John Henry Newman beschrieb Tradition als organische Entwicklung: eine Vision, die mit der fortschreitenden Entwicklung der Kirche in Einklang steht. Seine Metapher des Wachstums – die Lehre als lebendiger Organismus – suggeriert nicht nur Kontinuität mit der Vergangenheit, sondern auch Zukunftsorientierung. In diesem eschatologischen Licht wächst Tradition nicht nur durch Anhäufung, sondern durch das Streben nach der Fülle der von Gott verheißenen Liebe. Die Lehre wächst wie ein lebendiger Organismus, in Christus verwurzelt, doch wächst sie, je tiefer die Kirche über das ihr innewohnende Mysterium nachdenkt. Die Lehre entspringt nicht in voller Blüte, sondern wächst in Kontinuität mit ihrer Quelle, wie ein Baum aus seinem Samen, gepflanzt an den Strömen lebendigen Wassers, wie es Psalm 1 vorstellt, oder wie eine Rebe am Weinstock in Johannes 15. Dieses Wachstum wird genährt durch Gebet, Kontemplation und treues Zeugnis und strebt stets dem Licht Christi entgegen. Für Newman war Häresie nicht einfach falscher Glaube, sondern falsche Neuerung oder eine "Häresie der Liebe", die dieses Wachstum von seiner Quelle, der lebendigen, atmenden Energie der Liebe Gottes, trennt. Wahre Entwicklung hingegen bleibt in der unveränderlichen Treue Christi verankert, auch wenn sie sich in Verständnis und Ausdruck erweitert. Die Rede der Kirche über Gott muss sich stets der Realität des Gottes stellen, der zuerst spricht.

Lehre ist nie ein statischer Kommentar, sondern eine vom Geist geleitete Antwort auf die lebendige Gegenwart Christi. Lehrentwicklung ist die kontemplative und kontextbezogene Reifung des Glaubens der Kirche, eine lebendige Antwort, die die Tradition als Weg zur Erfüllung bekräftigt. Lehrwachstum ist kein Abweichen vom Evangelium, sondern die Entfaltung seiner Bedeutung in immer neuen Kontexten, verwurzelt in der Kontemplation und im Einklang mit dem Zeugnis der Heiligkeit im Laufe der Zeit.

Wenn die Lehre auf diese Weise verstanden wird, wird die Erfüllung der Lehre nicht als spekulative Erweiterung verstanden, sondern als eine vom Geist geleitete Vertiefung, die in der betenden Aufnahmebereitschaft der Kirche für Gottes Sehnsucht und Liebe wurzelt. Erfüllung kommt nicht durch theologische Erfindung, sondern durch das Gebet, das auf Gottes Zukunft hört, die in die Gegenwart der Kirche drängt. Wahre Erfüllung entsteht in der Stille, in der Gottes verwandelnde Liebe und Sehnsucht Wurzeln schlägt.

Die ersten christlichen Gemeinden bekannten Jesus als Herrn, lange bevor sie die Lehre von der Dreifaltigkeit oder Menschwerdung formulierten. Doch unter dem Druck von Anbetung, Verfolgung und Liebe präzisierte sich das Bekenntnis der Kirche – nicht um das Mysterium zu beherrschen, sondern um es zu ehren. Nicht, weil sie das Mysterium der Liebe nicht schon kannte, sondern weil sie wusste, dass das unerschöpfliche Mysterium unendlicher, verletzlicher Liebe unerfüllbar war. Der Heilige Geist bewahrte die Kirche nicht im Schweigen, sondern gab ihr für alle Zeiten eine Stimme.

Dennoch darf Erfüllung nicht mit Endgültigkeit verwechselt werden. Weil der Geist weiterhin zur Kirche spricht und sie bewegt, bleibt Erfüllung eher eine Reise als ein Abschluss, eine Einladung zur Liebe, die nie endet, und eine Grammatik, die immer wieder vom Atem Gottes besungen wird. Die Tradition bleibt offen, weil der Geist, der in der

Kirche wohnt, immer am Werk ist und immer wieder neu spricht. Erfüllung ist daher kein Abschluss, sondern eine Erweiterung der Teilhabe am göttlichen Leben, eine Liebe, die die Kirche immer tiefer in Mysterium, Hoffnung und Gemeinschaft hineinzieht. Tradition ist nicht erfüllt, wenn sie abgeschlossen ist, sondern wenn sie verklärt und in das fortwährende Leben der Verheißung Gottes aufgenommen wird. Die Liebe, die Gott ist, ist die Quelle unseres Lebens, und diese Liebe, die die Quelle der Glaubensgrammatik der Kirche ist, ist nie abgeschlossen. Lehrmäßige Erfüllung ist nicht das Ende der Entwicklung, sondern ihre Vertiefung. Erfüllung gibt den Ursprung nicht auf, sondern bringt ihn zur Reife.

Für Wesley war Heiligung diese dynamische Erfüllung: die Entfaltung der Gnade zu größerer Liebe. Erlösung war kein Moment, den man einforderte, sondern eine Bewegung, der man sich anschloss. Die Kirche als Leib Christi ist aufgerufen, mit der Gnade zusammenzuarbeiten, nicht nur die Verheißung zu empfangen, sondern daran teilzuhaben. Die Lehre wächst in der Gnade, wenn sie in einem Leben nach Christus gelebt wird.

Die Eucharistie wird erneut zum Zeichen der Erfüllung, indem sie Erinnerung und Versprechen in einem einzigen sakramentalen Akt verkörpert – eine Erweiterung des oben beschriebenen anamnetischen Rhythmus. So wie die eucharistische Erinnerung Vergangenheit und Zukunft im gegenwärtigen Wirken des Geistes vereint, so wird hier der Tisch zum Zusammenfluss von erfülltem Versprechen und erwarteter Herrlichkeit. In diesem Akt erinnert sich die Kirche nicht nur an das Vergangene; sie lebt in das Kommende hinein. Sie vereint Vergangenheit und Zukunft der Kirche in einem gegenwärtigen Moment der Gemeinschaft und verkörpert den in früheren Kapiteln beschriebenen anamnetischen Rhythmus.

In diesem Akt erinnert die Tradition nicht nur, sie antizipiert und offenbart den Tisch als den Ort, an dem Erinnerung zu Hoffnung wird und das Versprechen der neuen Schöpfung im Brechen des Brotes greifbar wird. In der Anamnesis erinnert die Kirche vorwärts. Der Tisch ist kein statisches Symbol, sondern ein sakramentaler Akt, in dem Versprechen zu Gegenwart wird. Da die Liturgie als strukturierte Begegnung mit Gott verstanden wird, wird sie zu einer Art Tradition in Bewegung: Sprache und Form werden weitergegeben und hochgehalten, von jeder Generation neu gebetet. In Wort und Sakrament erfüllt die Tradition ihre Berufung, die Gegenwart des auferstandenen Christus im Leben der Kirche zu vermitteln.

Die Erfüllung der Tradition ist nicht Endgültigkeit, sondern Verklärung. Die Lehre wird in das strahlende Leben Christi aufgenommen, wo das Geflüsterte zur Verkündigung wird und der Same zur Frucht. Was einst verborgen war, wird in der Herrlichkeit und Liebe Gottes offenbart.

Die Kirche als atmende Ikone

Wenn Tradition ihren Zweck in der Vollendung der Liebe erfüllen soll, muss sie sichtbare, verkörperte Form annehmen. Dieser Abschnitt untersucht, wie diese Erfüllung ikonografisch wird. So wie die Lehre Erinnerung und Hoffnung prägt, muss sie auch das gelebte, gesehene und geteilte Leben prägen. Hier offenbart sich die Kirche als lebendige Ikone des dreieinigen Gottes: eine sakramentale Gemeinschaft, deren Form den Inhalt der von ihr verkündeten Liebe widerspiegelt.

Die Kirche als Ikone des dreieinigen Gottes zu bezeichnen, bedeutet, dass sie an dem teilhat, was sie verkündet. Sie verkörpert, wie die Tradition selbst, eine Grammatik der sichtbar gemachten Liebe. Ikonographie wird in diesem Sinne zu einer theologischen Sprache, zu einer Form des Zeugnisses, durch das die Kirche das Mysterium ausspricht, in dem sie lebt. Christus, das Bild (*eikon*) des unsichtbaren Gottes, wird zum Maßstab und Sinn der Tradition. Die Kirche als Leib Christi ist berufen, dieses Bild zu tragen, "durch Gnade zu werden, was Gott von Natur aus ist".

Ikonen sind für die Augen, was Musik für die Ohren ist. Gemeinsam weisen die Ikonen des Ostens und die Musik des Westens über sich selbst hinaus und wecken die Sehnsucht nach etwas, das man nicht besitzen, aber betreten kann, um daran teilzuhaben. Ikonen sind kein Selbstzweck; sie sind Gnadenmittel, um unser Ziel zu erreichen: durch Gottes Gnade so liebevoll, wie Gott von Natur aus ist.

Jaroslav Pelikans Typologie (Götze, Symbol, Ikone) verschärft diese Unterscheidung und vertieft die ikonografische Berufung der Kirche. Götzendienst zu vermeiden bedeutet, die Kirche nicht mit Gott zu verwechseln; Symbolismus zu vermeiden bedeutet, sich der Reduzierung auf kulturelle Nostalgie oder oberflächliche Symbolik zu widersetzen. Eine Ikone hingegen ist transparent für das, was sie bedeutet; sie weist über sich selbst hinaus auf die dreieinige Liebe, die sie widerspiegelt. Diese Klarheit in der Unterscheidung hilft der Kirche, ihre Berufung zu verstehen: ein treues, gnadenreiches Fenster zu sein, durch das die selbstlose Liebe Gottes sichtbar in die Welt scheint. Ein Götze lockt in die Falle; ein Symbol vergisst und verfälscht so. Eine Ikone hingegen ist transparent für das, was sie bedeutet. Die Kirche als Leib Christi hat Anteil an dieser ikonografischen Berufung. Sie ist berufen, ein sichtbares, greifbares, atmendes Zeichen der selbstlosen Liebe Gottes zu sein. Als solche ist die Kirche nicht die Quelle des Lichts, sondern ein Fenster, durch das das Licht scheint. Sie ist nicht der Tempel ihrer eigenen Herrlichkeit, sondern der innewohnenden Gegenwart des Geistes.

Die Identität der Kirche ist von Natur aus partizipativ, eine Realität, die ihre ikonografische Berufung prägt. Sich in das kenotische Muster göttlicher Liebe hineinzuziehen bedeutet nicht nur, Gott ethisch widerzuspiegeln, sondern ihn auch durch die kreuzförmige Existenz visuell abzubilden. Diese Teilhabe macht die Kirche nicht nur zu einer Zeugin des Evangeliums, sondern zu einer lebendigen, atmenden Ikone des sich selbst hingebenden Christus in Gestalt und Handeln. Gerechtfertigt zu sein bedeutet, in die kenotische Gestalt göttlicher Liebe hineingezogen zu werden, und Kirche zu sein bedeutet, dieses kreuzförmige Muster öffentlich und gemeinschaftlich zu leben. Die Kirche verkündet nicht nur das Evangelium; sie wird zum Evangelium, zu einer kreuzförmigen, vom Geist erfüllten Gemeinschaft, deren Leben Mission ist. Dies spiegelt die wesleyanische Vision von Heiligkeit als geteiltes Leben in Liebe wider, eine vom Geist befähigte Teilhabe an der Selbsthingabe Christi für die Welt. Die Kirche, als Ikone des gekreuzigten und auferstandenen Herrn, verkörpert das göttliche Leben, das sie verkündet, und wird durch Gnade zu dem, was Christus von Natur aus ist.

John Wesleys Vision der Kirche als "neue Wohnstätte Gottes im Geist" bringt dies wunderbar auf den Punkt. Für Wesley war die Kirche nicht nur die Hüterin der Gnade Gottes, sondern der Ort, an dem diese Gnade in echter Gemeinschaft verkörpert wird. Heiligkeit war keine individuelle Errungenschaft, sondern gemeinsame Teilhabe an der göttlichen Liebe. Die Kirche ist ein vom Geist beseelter Leib, nicht nur ein Volk, das das Evangelium verkündet, sondern dessen sichtbare Gestalt in der Welt wird. Zum Evangelium für das Leben der Welt zu werden, bedeutet, an der unendlichen, verletzlichen Liebe Gottes teilzuhaben.

Die Kirche atmet den Geist durch Gebet, Heilige Schrift und Sakrament ein und gibt ihn durch Gastfreundschaft, Gerechtigkeit, Vergebung und Freude wieder ab. Wenn die Kirche diesen Rhythmus lebt, ist ihre Tradition nicht brüchig, sondern lebendig, kein Relikt, sondern ein Gefäß des Lebens.

Das ist sakramentale Imagination in Bewegung. In ihren Liturgien erinnert sich die Kirche nicht nur an Christus, sie begegnet ihm. In ihrer Lehre rezitiert sie nicht nur die Wahrheit, sie verkündet sie. In ihrer Gemeinde spiegelt sie nicht nur das Evangelium wider, sie wird zu einem Vorgeschmack des Reiches Gottes. Das ist das Geheimnis der Kirche als Ikone: Sie ist, was sie verkündet.

Der Tradition treu zu bleiben bedeutet also nicht, sie in den Formen von gestern einzuschließen, sondern sie neu anzubieten als Fenster, durch das der Geist heute atmen kann. Ikonen sind nur dann treu, wenn sie transparent sind für das, was sie bedeuten. Das gilt auch für die Tradition. Sie ist nur dann wahre Tradition, wenn sie über sich selbst hinaus auf Christus, den Geist und die ewige Liebe des Vaters verweist.

Die Kirche, als lebendige Ikone der Liebe Gottes, legt nicht Zeugnis ab von ihrer eigenen Größe. Sie legt Zeugnis ab von dem einen, der Fleisch wurde, der noch immer unter uns wohnt und der auch jetzt noch alles neu macht.

Erinnerung an die Zukunft, Tradition als Hoffnung

Der Weg der Tradition, von der Erinnerung über die Korrektur bis hin zur Ikonographie, findet seinen Puls in der Hoffnung, einer Hoffnung, die bereits in der Eucharistie Gestalt annimmt, wo Erinnerung und Verheißung zusammentreffen. Dieser sakramentale Rhythmus, getragen vom Heiligen Geist, verankert das Vertrauen der Kirche in Gott, der alles neu macht. In diesem letzten Abschnitt ist die Kirche aufgerufen, sich nicht nur an Gottes Taten zu erinnern, sondern auch auf seine Verheißungen zu vertrauen. Hoffnung verwandelt Erinnerung in Mission und Lehre in Verheißung – eine Bewegung, getragen vom Hauch des Heiligen Geistes. So wie die Erinnerung von der Gegenwart des Heiligen Geistes belebt wird, so ist auch die Hoffnung die vorwärtstreibende Energie der göttlichen Liebe, die die Kirche in Gottes Zukunft blicken lässt. Die Kirche erinnert sich vorwärts, lebt durch den Hauch des Heiligen Geistes in die Zukunft, belebt von der Liebe, die immer eintrifft.

Tradition erfüllt ihren Zweck, wenn sie zum Gefäß der Hoffnung wird. Sie ist die Erinnerung an Gottes Treue, beseelt vom Vertrauen auf Gottes Zukunft. Eschatologische Hoffnung geht immer der historischen Vergangenheit voraus. Weil die Gegenwart des Geistes Erinnerung und Verheißung zugleich ist, wird Erinnerung zur Teilhabe an dem, was kommen wird.

Christliche Hoffnung ist nicht Optimismus, sondern Vertrauen in den Charakter des Verheißungsgebers. Wie Wesley bemerkte, sind Gottes Gebote immer in Gottes Versprechen gekleidet. Sie wurzelt nicht in menschlichem Fortschritt, Einfallsreichtum oder positivem Denken. Sie ist im Charakter Gottes verankert, des Gottes, der Jesus von den Toten auferweckte und alles zur Vollendung bringen wird. Hoffnung ist für die Kirche kein Streben, sondern Teilhabe an einer Verheißung, die bereits in uns lebendig ist. Diese Hoffnung bezeugt selbst inmitten von Leid und Verzögerung, denn sie weiß, dass der Geist mit uns und für uns seufzt, während wir auf die Erlösung aller Dinge warten.

Hoffnung ist die Weigerung, die Vergangenheit die Zukunft bestimmen zu lassen; sie ist die Entschlossenheit, jetzt im verheißenen Frieden zu leben. Diese versöhnende Vision stellt nicht nur Beziehungen wieder her, sondern spiegelt auch die eucharistische Verheißung wider: einen Vorgeschmack des eschatologischen Festmahls, bei dem Feinde zu Gästen und Fremde zu Verwandten werden. Auf diese Weise wird Versöhnung sakramental und verkörpert die Hoffnung auf eine neue Welt. Christliche Hoffnung ist immer mit Versöhnung verbunden. Sich an die Zukunft zu erinnern bedeutet, treu zu erinnern, mit Blick auf Gerechtigkeit, Vergebung und die Akzeptanz von Feinden.

Tradition wird hoffnungsvoll, wenn sie sich auf die Verheißung stützt und die Eucharistie die Zukunft verkörpert, die sie erwartet. Indem die Kirche das Brot bricht und den Kelch teilt, setzt sie eine Erinnerung in Gang, die nach vorn blickt: einen anamnetischen Akt, in dem sakramentale Erinnerung Vergangenheit und Verheißung zu einer einzigen gegenwärtigen Gnade verschmelzen lässt. Dieser Moment am Tisch verkörpert den theologischen Rhythmus der Kirche, eine Erinnerung in Bewegung, in der die Lehre nicht nur in Erinnerung gerufen, sondern vorweggenommen wird, was die Eucharistie zu einem nach vorn gerichteten Ausdruck der Hoffnung macht.

Dies ist ein Sakrament, das nicht nur an die selbstlose Liebe Christi erinnert, sondern auch die Freude und Gerechtigkeit des kommenden Festes, das es sieht und schmeckt, einstudiert. Diese verkörperte Hoffnung nährt die Kirche, das Risiko einzugehen, mit einer neuen Grammatik der Liebe zu sprechen, gebrochen, gesegnet und wiedergegeben zu werden, wie das Brot am Tisch, als Vorgeschmack des kommenden Festmahls. In diesem Licht wird Tradition sakramental, sie wagt eine neue Sprache, wenn sie sich brechen, segnen und wiedergeben lässt, wie das Brot am Tisch, als Vorgeschmack des kommenden Festmahls. Sie bewahrt oder verteidigt nicht nur die Vergangenheit; sie vertraut auf die Verheißung Gottes. Und durch die Kraft der göttlichen Liebe wird sie zum Brot für die Welt, gebrochen, gesegnet und wiedergegeben, als Zeichen des immer kommenden Christus.

Die Kirche als Leib Christi ist der Ort, an dem Erinnerung und Hoffnung aufeinandertreffen, wo Heilige neben Suchenden singen und der Geist alten Knochen neues Leben einhaucht. Sich weiterzuerinnern bedeutet, dem Weg Jesu zu folgen. Als Jesus im Vertrauen auf den Geist an Weisheit und Größe wuchs, wurde er zum Christus, der die Energie der Liebe Gottes verkörpert und uns zeigt, wie wir in Vertrauen und Liebe wandeln können. Sich weiterzuerinnern bedeutet, die Geschichten der Gläubigen an Orte zu tragen, die sie sich nie hätten vorstellen können. Es bedeutet, das Überlieferte mit Dankbarkeit anzunehmen und es mit dem Mut der Liebe weiterzugeben – derselben Liebe, die unseren Herrn vom Grab erweckte. Es bedeutet, dem Geist zu vertrauen, der zu Pfingsten herabstieg und noch immer herabsteigt, noch immer spricht, noch immer ein Volk vieler Sprachen und Traditionen formt, erfüllt von der Energie der Liebe, für das Leben der Welt.

Die Tradition bleibt "nur" glaubwürdig, wenn sie hoffnungsvoll bleibt. Nur wenn sie Christus weiterhin nicht als Reliquie, sondern als lebendige Gegenwart bekennt. Nur wenn sie die Kirche lehrt, sich nicht aus Angst, sondern aus Glauben zu erinnern. Nicht um die Vergangenheit zu verteidigen, sondern um die verheißene Zukunft der Neuen Schöpfung zu verkünden. Nicht um Denkmäler für die Gewissheiten von gestern zu errichten, sondern um schon jetzt ein Vorgeschmack dessen zu werden, was sein wird.

Sich an die Zukunft zu erinnern bedeutet, Vergangenheit und Zukunft in der Gegenwart als Geschenk zu bewahren. Es bedeutet, den Weg Christi zu gehen, alte Lieder mit neuen Versen zu singen und zu dem zu werden, was wir verkünden. Tradition bleibt nur dann glaubwürdig, wenn sie hoffnungsvoll bleibt, wenn sie nicht auf sich selbst, sondern auf den auferstandenen und wiederkehrenden Christus verweist.

Denn Jesus ist der Christus, der den Inhalt und die Erfüllung aller Verheißungen Gottes verkörpert. Er ist das

Alpha und das Omega, derjenige, der uns vorangeht und derjenige, der uns ruft. Die Kirche denkt nach vorn, weil Christus uns dorthin führt. Er ist das Lied, das noch immer gesungen wird, das Licht, das noch immer aufgeht, die Liebe, die immer ankommt.

im Licht dessen zu leben, was sein wird: eine durch Liebe verwandelte Kirche, eine neue Welt und ein Lied, das aus jeder Sprache, jedem Stamm und jeder Nation emporsteigt und durch die Zeit und über die Zeit hinaus zur Ehre Gottes widerhallt.

Tradition ist also kein Denkmal, sondern eine Bewegung, eine von Liebe geprägte Erinnerung, die vom Heiligen Geist weitergetragen wird und das Versprechen widerspiegelt: "Siehe, ich mache alles neu."

Die erinnerte Lehre ist eine verklärte Lehre. Diese Verklärtheit entsteht aus der kontemplativen Aufmerksamkeit für das Seufzen des Geistes. Die Lehre reift durch die imaginative Bereitschaft für göttliche Überraschungen.

Die Erinnerung verankert uns in der Treue des Geistes; Korrektur läutert uns im Feuer der Liebe Gottes; Erfüllung öffnet uns dem Horizont der Verheißung entgegen; Verkörperung macht Liebe in der Gemeinschaft der Kirche sichtbar; und die Hoffnung singt das Lied von dem, was sein wird. In all dem formt der Geist eine treue Lehre, die vom Glauben und der Treue Christi lebt und immer alt und immer neu ist und von dem Gott zeugt, der war, ist und kommt.

Möge die Kirche, verwandelt durch die Liebe,
bis alle Dinge die Sprache der Gnade sprechen und die gesamte
Schöpfung in das Lied von Gottes Zukunft einstimmt.
Amen.

Kapitel fünf
Fleischgewordene Lehre
Bildung für Gottes Zukunft

"Die Kirche verändert die Welt nicht, indem sie Konvertiten
macht, sondern indem sie Jünger macht."
John Wesley
"Der Glaube ist nicht das Werk einzelner, sondern die Arbeit einer
Gemeinschaft, die durch Wort und Geist geformt und durch die
Liebe nach dem Ebenbild Christi gestaltet wurde."
John Wesley

Lehre wird nicht nur bekannt und praktiziert; sie wird auch gelehrt, erinnert und im Laufe der Zeit gelebt. In diesem Kapitel untersuchen wir Lehre als spirituelle Pädagogik, als Instrument der Bildung, das Glaube, Hoffnung und Liebe in von Gottes Zukunft geprägten Gemeinschaften fördert. Diese Bildung findet nicht nur im akademischen Raum statt, sondern im beziehungs-orientierten, verkörperten und gemeinschaftlichen Leben der Kirche.

Von der Erinnerung zum verkörperten Zeugnis

Wenn Tradition Erinnerung in Bewegung ist, ein vom Atem des Geistes geformtes Vorwärtserinnern, dann steht sie im Einklang mit der eschatologischen Identität der Kirche. Sie ruft die Kirche dazu auf, als Gemeinschaft zu leben, die Gottes verheißene Zukunft schon jetzt vorwegnimmt und verkörpert: eine Gemeinschaft, die dazu berufen ist, Gottes verheißene Zukunft schon jetzt vorwegzunehmen und zu verkörpern. Das Gedächtnis der Kirche ist nicht bloß rückblickend, sondern vorausschauend. Sie erinnert sich, um die Verheißungen Gottes durch gegenwärtige Praxis der Liebe und des Zeugnisses zu verkörpern. Auf diese Weise wird Erinnerung zu einer aktiven Haltung der Hoffnung, die die historische Verwurzelung der Kirche mit ihrer Berufung als Vorgeschmack der Neuen Schöpfung verbindet. Die

Kirche denkt oder spricht Tradition nicht nur; sie singt sie, malt sie, kniet in ihr und verzehrt sie. Sie erinnert sich nicht nur mit ihrem Verstand, sondern auch mit ihren Sinnen vorwärts, nicht nur in der Lehre, sondern auch in der Doxologie. Das Versprechen der Neuen Schöpfung ist keine körperlose Abstraktion eschatologischer Hoffnung, sondern die Verklärung unserer gesamten Menschheit und aller Dinge der Schöpfung in das Leben Gottes.

Wenn die Lehre lebt, bleibt sie nicht mehr allein auf den Glaubensbekenntnissen der Kirche, sondern wird zu Musik im Altarraum, zu Duft im Öl, zu Ikonen an den Wänden und zu Brot auf den Zungen derer, die im lebendigen Leib Christi erwacht sind. Die Kirche wird nicht nur zur Erinnerung an Gottes vergangene Liebe, sondern zu ihrer lebendigen, atmenden Ikone. Die ostorthodoxe Theologie legt ein sichtbares Zeichen göttlicher Schönheit und Gemeinschaft nahe, das durch das Mysterium, das sie verkündet, durchdringt: die selbstlose Liebe des dreieinigen Gottes, die die gesamte Schöpfung ihrer Vollendung entgegenführt. In diesem Sinne ist die Lehre keine starre Formulierung des kirchlichen Dogmas, sondern ein dynamischer Ausdruck, der das gemeinsame Leben der Kirche prägt und verändert. Sie prägt, wie Gemeinschaften Gnade verkörpern, Vergebung praktizieren und mit Hoffnung und Treue in Gottes Zukunft leben. Die Lehre wird zur getreuen Grammatik der göttlichen Liebe, zu einer dynamischen Sprache, die die Liebe, die sie verkündet, nicht nur prägt, sondern auch in die Tat umsetzt und so die Gewohnheiten, Beziehungen und Vorstellungen der Kirche prägt. Sie fördert nicht nur theologische Klarheit, sondern auch eine Lebensweise, die in der Gnade verwurzelt und auf Gottes Zukunft ausgerichtet ist – eine Gemeinschaft, die nicht um bloße Ideen, sondern um die lebendige Gegenwart Christi herum gebildet wird. Treue Lehre wird zu einem verklärten Zeugnis: Die Erinnerung wird im Atem des Geistes weitergetragen und formt eine Glaubensgemeinschaft, in der die "Hoffnung auf Herrlichkeit" bereits begonnen hat.

Diese Verkörperung ist nicht bloßer Schmuck, sondern prägend. Das Leben der Kirche wird zu einer spirituellen Pädagogik, in der die Lehre nicht statisch ist, sondern die Jünger in den Gewohnheiten der Zukunft Gottes formt. Die Lehre ist kein Informationsmüll in Form theologischer Thesen, wie es manchmal in bestimmten Strömungen der Scholastik oder des klassischen Fundamentalismus vorkommt; sie ist eine prägende Disziplin, die von eschatologischer Hoffnung geprägt ist. Sie lehrt nicht nur, was man glauben soll, sondern auch, wie man mit der unendlichen, verletzlichen Liebe, die Gott ist, sehen, wünschen und handeln soll.

Der Philosoph James KA Smith behauptet provokativ, wir seien nicht bloß "Gehirne auf Stöcken", die sich ihren Weg durch die Welt denken, sondern im Grunde begehrende Geschöpfe, liturgische Wesen, deren Liebe durch verkörperte Praktiken zur Gewohnheit wird. Liturgische Anthropologie wie die von Smith bekräftigt die Rolle der Kirche als gemeinschaftlicher und sinnlicher pädagogischer Raum. Lehre wird also nicht bloß vermittelt, sondern durch Rhythmen des Gottesdienstes und des gemeinsamen Lebens verkörpert. So wie weltliche Liturgien – wie die des Einkaufszentrums, des Stadions oder des Nationalstaates – unsere Wünsche durch wiederholte symbolische Praktiken formen und Wünsche durch wiederholte Praktiken und symbolische Handlungen, so formen uns auch kirchliche Liturgien durch heilige Rhythmen und lenken unsere Zuneigung auf das Reich Gottes. Wenn Lehre Jünger formen soll, muss sie in Ritualen und Rhythmen Gestalt annehmen, die Herz, Leib und Vision auf Christus ausrichten und Menschen formen, deren Liebe vom Heiligen Geist richtig gelenkt wird.

Treue Lehre trägt dazu bei, einen heiligen Habitus zu entwickeln, einen Weg, sich auf Gottes Gegenwart in der Welt einzustimmen. Damit bekräftigt sie die zentrale Aussage des Kapitels, dass Lehre als spirituelle Pädagogik fungiert und nicht nur den Glauben, sondern den ganzen Menschen für das Leben in Gottes Zukunft formt. Bildung geschieht durch Körper und Vorstellungskraft ebenso wie durch den Geist. Lehre ordnet das Verlangen nicht nur für Einzelne, sondern auch im gemeinsamen Leben der Kirche neu. Spirituelle

Bildung ist eng mit der Neuordnung des Verlangens verbunden – ein Prozess, der nicht nur persönlich, sondern zutiefst gemeinschaftlich ist. Diese Transformation des Verlangens findet im Leben der Kirche statt, wo Gebet, Lehre und gemeinsame Verletzlichkeit die Zuneigung der gesamten Gemeinde auf die göttliche Liebe ausrichten. Kontemplatives Gebet wird zum Schmelztiegel, in dem ungeordnete Liebe gereinigt und in göttliche Sehnsucht hineingeführt wird. Dies ist keine Verleugnung des Verlangens, sondern seine Verklärung, ein Prozess spiritueller Pädagogik, bei dem das Verlangen nicht ausgelöscht, sondern durch gemeinsames Gebet und die Teilnahme an Gottes Leben geläutert wird. In der Lehre geht es also nicht nur um die Beherrschung von Inhalten, sondern vielmehr um die Neuordnung des Verlangens hin zur trinitarischen Teilhabe. Der Gläubige wird in das Beziehungsleben Gottes hineingezogen, was das Thema der göttlichen Liebe und Gemeinschaft des Kapitels verstärkt. Teilhabe bedeutet, von der Liebe Gottes in Christus durch den Heiligen Geist beherrscht und neu geformt zu werden. Sein Wirken bringt unsere Wünsche mit denen Gottes in Einklang.

Lehre und Sinne: Theologische Grundlagen

Dieses verkörperte Erinnern führt uns auf theologisches Terrain, das darauf besteht, dass die Lehre den ganzen Menschen – Körper, Geist und Vorstellungskraft – einbeziehen muss. Wenn die Lehre uns für Gottes Zukunft formt, muss sie die Logik der Menschwerdung widerspiegeln: Sie muss durch den Körper, in der Gemeinschaft und über die Zeit hinweg Gestalt annehmen. Der Glaube der Kirche wird nicht nur in Worten ausgedrückt; er wird gesungen, verkostet, gebetet, berührt und gelebt. Die Lehre lebt durch sakramentale Gnade und sinnliche Teilhabe. Sie wird nicht nur in Seminarräumen gelernt, sondern auch im duftenden Öl der Heilung, im Druck des Kniens, in der Textur des Brotes und im stillen Blick der Ikone.

So wie das Wort Fleisch wurde, muss es auch die Lehre tun. Die Lehre muss in den Liturgien, der Ethik und dem verkörperten Zeugnis der Kirche Gestalt annehmen, in den Taten der Barmherzigkeit sichtbar, in den Rufen nach Gerechtigkeit hörbar und im sakramentalen Leben des Leibes Christi greifbar werden. So wie das Wort nicht fern oder körperlos blieb, so muss die Lehre in die Welt der menschlichen Erfahrung, Sprache und des Fleisches eintreten, in der Gemeinschaft geformt und in Liebe praktiziert werden. Nur wenn die Lehre in den Rhythmen des täglichen Lebens der Kirche Fleisch wird, spiegelt sie wirklich die inkarnatorische Logik wider, die sie verkündet. Gott spricht nicht abstrakt, sondern in verkörperter Gegenwart, wie Athanasius und Irenäus in ihren Inkarnationstheologien betonen – nicht in theologischen Thesen, sondern persönlich. Der fleischgewordene Christus ist das sichtbare Bild des unsichtbaren Gottes, die lebendige Lehre der göttlichen Liebe, die in der Geschichte Fleisch geworden ist. Wenn Christus das fleischgewordene Wort ist, dann muss die treue Lehre zur Sprache der Liebe werden, die im Leben der Kirche sichtbar, spürbar und hörbar wird. Die Lehre ist kein in der Zeit erstarrtes Denken, sondern ein ewiger Rhythmus der Teilnahme, eine Grammatik der Gnade, die in den Gebetshaltungen und der Musik der Liturgie einstudiert wird.

Diese sakramentale Logik findet tiefen Widerhall in der theologischen Tradition. Die Dreifaltigkeit ist kein abstraktes Rätsel, sondern eine relationale und ökonomische Realität, der wir im leiblichen Leben der Kirche begegnen müssen. Die ökonomische Dreifaltigkeit, Gottes Handeln in der Geschichte, begründet die Lehre in Praktiken wie der Eucharistie, dem gemeinsamen Gottesdienst und Gesten der Gastfreundschaft. Diese sinnlichen und sakramentalen Akte sind keine bloßen Symbole, sondern selbst prägend: Sie machen das göttliche Leben sichtbar, hörbar und greifbar. In diesem Licht wird Lehre nicht nur zu einer Aussage über Gott, sondern zu einer Choreografie der Teilhabe an Gottes selbstlosem Leben. Die Betonung der ökonomischen Dreifaltigkeit unterstreicht, dass Gottes selbstlose Liebe nicht nur doktrinären Inhalts, sondern sakramentaler Präsenz ist, in den leiblichen Gottesdienst der Kirche integriert ist und die Gläubigen durch greifbare, sinnliche Praktiken prägt. Sie lädt die Kirche ein, diese göttliche Relationalität in ihren sinnlichen, leiblichen Gottesdienst- und Bildungspraktiken widerzuspiegeln. Dies ist die Form der Liebe Gottes, die er mit der Schöpfung teilt. Die Lehre muss daher die relationale und ökonomische Bewegung der Selbsthingabe Gottes widerspiegeln. Die ökonomische Trinität ist die immanente Trinität, die die Lehre in göttlichem Handeln begründet. Was Gott in der Geschichte tut – heilen, senden, den Heiligen Geist ausgießen –, ist, wer Gott in Ewigkeit ist: eine Gemeinschaft der Liebe. Die Lehre wird nicht nur zur Reflexion, sondern zur Teilnahme an der göttlichen Begegnung, indem sie die Kirche in die relationale und ökonomische Bewegung der selbsthingebenden Liebe Gottes einbindet, die durch sakramentale Präsenz und gemeinschaftliche Bildung greifbar wird.

Sarah Coakley überträgt dies auf das Gebetsleben und bietet eine tief integrierte Vision, in der spirituelle Bildung und theologisches Verständnis zusammenfließen. In ihrer Theologie der Kontemplation bietet sie eine Vision, in der die Lehre durch Stille intensiviert und nicht umgangen wird. In der Stille körperlicher Hingabe wird der Gläubige von der Bewegung selbstloser Liebe des Geistes erfasst. Hier wurzelt die Lehre nicht in Aussagen allein, sondern in einem verwandelten Verlangen, in der allmählichen Neuordnung des Herzens durch die Aufmerksamkeit auf die göttliche Gegenwart. Die Lehre formt sich durch *die totale Theologie*: eine Theologie, die Geschlecht, Körper und Verlangen in ihren Rahmen einbezieht. Der Geist umgeht den Körper nicht; der Geist heiligt ihn und bringt sogar unsere Wünsche in göttliche Resonanz.

Die Lehre formt sich nicht durch die Beherrschung von Inhalten, sondern durch die Kultivierung von Aufmerksamkeit, Hingabe und Empfänglichkeit für die göttliche Schönheit. Die Lehre ist eine Pädagogik des Körpers und der Vorstellungskraft, die eine Kirche formt, die Gott aufrichtig ansieht, auf ihn wartet und sich nach ihm sehnt, die in der Ikonographie eine kontemplative Pädagogik sieht, eine Pädagogik, die eine Vision von Sehnsucht und Verkörperung zum Ausdruck bringt.

Somit formt sich Lehre nicht durch die Beherrschung von Inhalten, sondern durch die Kultivierung von Aufmerksamkeit, Hingabe und Empfänglichkeit für göttliche Schönheit. Lehre ist eine Pädagogik des Körpers und der Vorstellungskraft und formt eine Kirche, die Gott aufrichtig ansieht, auf ihn wartet und sich nach ihm sehnt. Die Ikone ist kein Schmuck, sondern eine Tür: Sie lehrt uns zu sehen, nicht durch Erfassen, sondern durch Hinsehen. Wie die Ikone formt die Lehre eine Art Vision und schult unseren Blick, das göttliche Mysterium nicht als Objekt, sondern als Geschenk wahrzunehmen. Das Gebet vor der Ikone lehrt die Kirche, sich von Gottes Schönheit beherrschen zu lassen, und lässt zu, dass diese Schönheit nicht nur ihren ästhetischen Sinn, sondern auch ihr theologisches Verständnis formt. Indem sie den Blick auf das göttliche Mysterium schulen, formen Ikonen die Fähigkeit der Kirche, die Lehre als gelebte, relationale und gnadenreiche Wirklichkeit wahrzunehmen und anzunehmen, statt Gott mit Definitionen und Konzepten zu beherrschen. Denn: "Ein begriffener Gott ist gar kein Gott", sagt Franz Turrettin.

Richtig formulierte Lehre führt Gemeinschaften zu Versöhnung, Freude und Gerechtigkeit. Ein Glaube, der körperlos bleibt, kann die Welt nicht verändern. Wenn Lehre in der Praxis Gestalt annimmt, wird sie zu dem, was sie immer sein sollte: ein gemeinsamer Habitus der Liebe, der in göttlicher Großzügigkeit verwurzelt und auf den Nächsten ausgerichtet ist.

Diese transformative Vision hat alte Wurzeln. Gregor von Nyssa beschreibt die Lehre als Aufstieg, ein Bild, das die Vision des Kapitels von der Lehre als einem fortlaufenden, dynamischen Bildungsprozess kraftvoll bekräftigt. Theologisches Verständnis ist kein endgültiger Besitz, sondern ein kontinuierliches Streben nach dem göttlichen Mysterium. Dies steht im Einklang mit der Behauptung dieses Kapitels, dass die Lehre eher eine Pädagogik der Transformation als ein statisches Glaubenssystem ist: nicht der Besitz einer statischen Wahrheit, sondern das Streben der Seele nach der unendlichen Schönheit Gottes. Theologisches Verständnis ist kein endgültiges Ankommen, sondern eine immer tiefere Teilhabe am göttlichen Mysterium. In ähnlicher Weise stellt Augustinus in seinen *Bekenntnissen* die Lehre als andächtige Erinnerung dar, als Wahrheit, die den Verstand nicht aufbläht, sondern das Herz neu ordnet. Für Augustinus wird Lehre zur Weisheit, wenn sie das ganze Leben auf Gott ausrichtet, der Liebe ist.

All diese Stimmen vereinen sich in einer Vision der Lehre, die nicht körperlos, sondern doxologisch, nicht losgelöst, sondern sakramental ist. Zu Pfingsten erhielt die Kirche kein Handbuch oder eine Blaupause in Form eines Glaubensbekenntnisses. Ihr wurde eine Flamme, ein Klang, ein rauschender Atem gegeben. Die Sinne wurden entzündet. Der Geist kam nicht als Text herab, sondern als Ereignis und Begegnung. Von diesem Moment an wurde die Lehre der Kirche nicht nur in intellektueller Klarheit, sondern in sinnlicher Transformation geformt: ein Körper, der lernte, das Wort in vielen Sprachen zu hören, das Unsichtbare in Brot und Wein zu sehen, die göttliche Berührung im Salböl zu spüren.

Die Lehre ist also die Grammatik der Teilhabe, eine Grammatik, die sich schrittweise offenbart. Ob durch den Blick der Ikone, die Stille des Gebets, den eucharistischen Tisch oder den sehnsüchtigen Aufstieg zum göttlichen Mysterium – diese Grammatik der Teilhabe nimmt im Leben der Kirche Gestalt an als Choreografie der Gnade und Verwandlung. Sie prägt nicht nur, was die Kirche denkt, sondern auch, wie sie liebt und wonach sie sich sehnt. Sie ordnet unsere Sinne nicht durch Einschränkung, sondern durch Resonanz und stimmt unsere Augen auf Schönheit, unsere Ohren auf Barmherzigkeit und unseren Körper auf Gnade ein. Die fleischgewordene Lehre wird nicht nur zum Bekenntnis der Kirche, sondern zu ihrer Gestaltung: eine Realität, die sich schrittweise durch die in diesem Abschnitt untersuchten inkarnatorischen, ikonografischen und gemeinschaftlichen Praktiken enthüllt. Jede theologische Stimme trägt zu einer Grammatik der göttlichen Liebe bei, die verkörpert, sakramental und pädagogisch ist – eine Art, in der Welt zu sein, die Gottes Zukunft widerspiegelt, inszeniert und vorwegnimmt.

Konnexionalismus und die Praxis der Freundschaft

Ausgehend von einer sinnlichen und sakramentalen Sicht der Lehre gelangen wir zu ihrer gemeinschaftlichen Konsequenz: der Lehre als soziales Gefüge göttlicher Freundschaft. Lehre ist keine isolierte Erkenntnis, sondern ein gemeinsames Erbe, das ein Volk zu einer lebendigen Gemeinschaft formt. Sie prägt nicht nur die Gedanken Einzelner, sondern auch die Gefühle, Praktiken und Beziehungen, die den Leib Christi ausmachen. Lehre ist relationale Grammatik, die Sprache einer Kirche, die lernen zu lieben. Diese Grammatik wird sich in den folgenden theologischen Stimmen noch umfassender entfalten, wobei jede zu einer pädagogischen Vision der Lehre beiträgt, die in der Gestalt des dreieinigen Gottes verkörpert, gemeinschaftlich und spirituell prägend ist.

Von Anfang an wurde das Lehrleben der Kirche durch gemeinsame Mahlzeiten, das Erzählen von Geschichten, gegenseitiges Verzeihen und die unter allen verteilten Gaben des Geistes geprägt. In der wesleyanischen Tradition nimmt diese kirchliche Vision die Form des Konnexionalismus an, eines Netzwerks heiliger Freundschaften, die durch gemeinsame Lehre, gegenseitige Ermutigung und Mission verbunden sind. Der Konnexionalismus ist keine starre hierarchische Struktur des Episkopats, sondern ein lebendiger Kontrast dazu. Er meidet starre, von oben herab erteilte Autorität zugunsten eines vom Geist geformten Netzwerks wechselseitiger Beziehungen. Er weist auf eine Form kirchlichen Lebens hin, in der Autorität durch gemeinsames Urteilsvermögen, Verletzlichkeit und gegenseitige Rechenschaftspflicht entsteht und die Lehre als formende und pädagogische Struktur verkörpert, die das Gemeinschaftsleben der Kirche prägt. Statt Macht im Amt zu festigen, verteilt der Konnexionalismus sie durch Bündnisse der Liebe und Mission und bezeugt so den gegenkulturellen Charakter der Gemeinschaft des dreieinigen Gottes.

Im Gegensatz zu starren Top-down-Systemen kirchlicher Leitung und Kontrolle, die den relationalen Charakter der Kirche verschleiern können, verweist Wesleys Konnexionalismus auf eine gegenkulturelle Vision kirchlichen Lebens, die geprägt ist von horizontalen Bindungen verletzlichen Vertrauens, gemeinsamer Urteilskraft und gemeinsamer Mission. Sie widersetzt sich dem Institutionalismus, indem sie den dreieinigen Rhythmus des Gebens und Nehmens, des gegenseitigen Innewohnens und der geteilten Freude verkörpert. Auf diese Weise wird die Lehre nicht nur zur Unterweisung, sondern zur Infrastruktur, einer relationalen Architektur, die die Grammatik der göttlichen Freundschaft verkörpert, die zu Beginn dieses Abschnitts eingeführt wurde. Dieser spirituelle Rahmen formt eine Gemeinschaft, die Glaubenssätze nicht nur artikuliert, sondern sie in gegenseitiger Verantwortung, Vertrauen und Liebe lebt. Durch Freundschaft baut die Lehre die Kirche nicht nur im Denken auf, sondern in den gelebten Strukturen der Gnade, die die dreieinige Gemeinschaft widerspiegeln. In dieser Vision ist die Kirche ein Netz der Gnade, ein Geflecht spiritueller Freundschaften, die das perichoretische Leben der Dreifaltigkeit selbst widerspiegeln.

Für John Wesley war christliche Freundschaft nicht nebensächlich; sie war ein Mittel der Gnade, eine Verbindung, durch die die Lehre im täglichen Leben Gestalt annahm. Freundschaft war vielleicht der wahrhaftigste sakramentale Signifikant, ein sichtbares Mittel, durch das wir die Wahrheit verkörpern, dass wir als "Abschriften der Dreifaltigkeit" (Wesley) geschaffen wurden. Diese Metapher deutet an, dass die Kirche nicht nur dazu berufen ist, über Gott zu sprechen, sondern die gemeinschaftliche Freundschaft, die das Leben des dreieinigen Gottes kennzeichnet, sichtbar widerzuspiegeln und daran teilzuhaben. So wie eine Abschrift den Inhalt eines Originals in anderer Form wiedergibt, so spiegelt die Kirche durch die Praxis der Freundschaft die perichoretische Liebe des dreieinigen Gottes wider.

Dieses Motiv der Freundschaft hat sowohl pädagogisches als auch ekklesiologisches Gewicht: Freundschaft wird zum ansteckenden Mittel, durch das die Lehre nicht nur gelernt, sondern auch freudig gelebt wird. So entsteht eine Kirche, deren Struktur von der göttlichen Gemeinschaft in der vollkommenen Liebe Gottes zeugt. In

Klassentreffen, Liebesfesten und gemeinsamen Gebeten wurde die Lehre nicht als Theorie vermittelt, sondern als beziehungsorientiertes und verletzliches Vertrauen und Disziplin gelebt. Wesley verstand, dass christliche Bildung durch vom Geist beseelte Gemeinschaften der Fürsorge und Korrektur, der Freude und des Leidens geschieht. Treue Lehre, als Grammatik der Liebe, wurde nicht von oben auferlegt, sondern durch Freundschaft vermittelt und weitergegeben und prägte den Charakter durch geteilte Verletzlichkeit und Gastfreundschaft.

Wesleys theologischer Instinkt steht im Einklang mit der tiefen trinitarischen Strömung der Kirche und bekräftigt die zentrale Vision dieses Kapitels von einer Lehre als relational, verkörpert und prägend im gemeinschaftlichen Leben Gottes. Die Trinität ist kein weit hergeholtes Rätsel, sondern die Struktur der Erlösung selbst, Gottes Leben, das sich in Gemeinschaft und Gemeinschaft ausgießt. Theologische Lehre ist daher keine Spekulation über göttliche Kategorien, sondern die Bildung von Menschen zu göttlicher Freundschaft. Die Kirche ist eine Gemeinschaft relationaler Teilhabe am Leben Gottes, und Freundschaft ist eines ihrer wichtigsten Sakramente.

Freundschaft ist der Aufstieg der Seele in göttliche Nähe. Wahre Freundschaft führt den Menschen aus seiner Abschottung heraus und öffnet sein Herz für die Teilhabe an Gottes unerschöpflicher Liebe. Die Lehre wird in diesem Sinne zur Choreographie dieses Aufstiegs, zum Drehbuch, nach dem die Seelen lernen, im Einklang mit Gottes Willen zu handeln.

In ähnlicher Weise legt Augustinus in seinem *Werk De Trinitate* nahe, dass menschliche Beziehungen das innere Leben Gottes widerspiegeln. Freundschaft ist theologisch, weil sie das ewige Geben und Empfangen der Dreifaltigkeit widerspiegelt. Für Augustinus ist die Kirche nicht nur dazu berufen, die Dreifaltigkeit zu bekennen, sondern sie zu verkörpern, eine Gemeinschaft zu werden, in der Menschen in Liebe das göttliche Leben in gegenseitiger Freude und Hingabe widerspiegeln.

Doch diese Gegenseitigkeit muss vor Verzerrungen bewahrt werden. Hierarchische Gottesbilder verzerren das Leben der Kirche. Die Dreifaltigkeit ist keine nachahmbare Monarchie, sondern ein gegenseitiges Innewohnen perichoretischer Liebe, und die Kirche muss dies nicht durch Herrschaft, sondern durch vom Geist geprägte Gemeinschaft und Gastfreundschaft widerspiegeln. Kirchliche Freundschaft ist das Gegenmittel zur autoritären Ekklesiologie, sie ist die Einübung der Freiheit in der Liebe, die die Neue Schöpfung kennzeichnet.

Die Lehre sollte nicht als Instrument der Ausgrenzung dienen, sondern Gemeinschaften der Gegenseitigkeit bilden, in denen jede Stimme und Gabe gewürdigt wird. Freundschaft ist in diesem Sinne nicht nur Zuneigung, sondern kirchliche Architektur der Gemeinschaft, welche die zu Beginn dieses Abschnitts eingeführte relationale Grammatik der Lehre verkörpert. Sie verleiht den theologischen Überzeugungen der Kirche eine greifbare Gestalt, indem sie Liebe in Struktur und Gemeinschaft in Zeugnis verwandelt. Freundschaft, die das Leben der Dreifaltigkeit widerspiegelt, ist struktureller Ausdruck der formenden Kraft der Lehre, den Leib Christi durch Gegenseitigkeit, Verletzlichkeit und gemeinsame Mission aufzubauen. Sie schafft den Raum, in dem die Wahrheit in Liebe ausgesprochen wird, und verkörpert die ursprüngliche Vision des Abschnitts von der Lehre als relationaler Architektur, einer kirchlichen Grammatik, die von der Choreografie heiliger Freundschaft des Geistes geprägt ist, in der Wunden geheilt werden und Freude gemeinschaftlich wird.

Deshalb geht es in der Lehre im Kern ebenso sehr um die Bildung von Zuneigung wie um die Entwicklung einer Grammatik des Glaubens. Sie lehrt die Kirche, wie sie im Oikodom, dem Haus der dreieinigen Liebe, leben kann: einer Gemeinschaft, die geprägt ist von gemeinsamen Mahlzeiten, gegenseitiger Unterscheidung, vom Geist geleiteter Vergebung und versöhnender Freude. Lehre ist kein abstrakter Inhalt zum Herunterladen; sie ist die Sprache eines Volkes, das gemeinsam heilig wird. Durch Freundschaft nimmt Lehre Gestalt an und offenbart, dass das Leben Gottes nicht im Himmel gehortet wird, sondern sich in den Herzen derer verbreitet, die Brot brechen, Lasten tragen und einander in Liebe segnen.

Das gemeinsame Leben der Kirche, ihre Freundschaften, ihre Konflikte, ihre Versöhnungen sind nicht bloß ein Widerschein des dreieinigen Lebens, sondern eine Teilhabe am Wesen Gottes. Die durch die Lehre entstehenden Freundschaften sind nicht zufällig. Sie sind sakramentale Zeichen der Selbstmitteilung Gottes, verkörperter Ausdruck der fleischgewordenen Lehre.

Liturgisch-historische Brücke: Antike Quellen des sinnlichen Glaubens

Das verkörperte und beziehungsbasierte Leben der Lehre, das sich in heiligen Freundschaften und vom Geist geprägten Gemeinschaften manifestiert, entsteht nicht isoliert. Es ist die Blüte tiefer Wurzeln: das lange Gedächtnis der Kirche an den gelebten Glauben, nicht nur an ihn geglaubt. Von Anfang an wurde die christliche Lehre nicht einfach in Form von Glaubensbekenntnissen weitergegeben, sondern durch verkörperten Gottesdienst, sinnliche Praktiken und gemeinschaftliche Teilnahme. Diese verkörperten Praktiken sind nicht peripher; sie sind primäre Formen der Glaubensbildung, die die Choreographie der Gnade inszenieren, durch die die Kirche lernt, sich im Rhythmus der göttlichen Liebe zu bewegen und die Vorstellungskraft, die Zuneigung und die Gewohnheiten der Gläubigen zu formen. In den Gesten des Gottesdienstes, den Rhythmen der Liturgie und der Schönheit sakraler Kunst und Musik drückt die Kirche die Lehre nicht nur aus – sie lernt, lebt von ihr und wird von ihr geformt. Die antike Kirche bietet nicht nur Präzedenzfälle, sondern auch theologische Grundlagen: So schrieb etwa Irenäus von Lyon: "Unsere Lehre steht im Einklang mit der Eucharistie, und die Eucharistie bestätigt unsere Lehre." Damit begründete er die Lehre in der verkörperten Anbetung: Lehre ist keine Idee, die es zu begreifen gilt, sondern ein Leben, das es zu leben gilt. Die Kirchenväter verstanden, was die Kirche heute wiederentdecken muss: dass die Anbetung Gottes der Ursprung der Lehre ist.

Von frühester Zeit an wurde Erlösung nie als Flucht aus der materiellen Welt, sondern als deren Verklärung verstanden. Ignatius von Antiochia bekannte auf seinem Weg zum Martyrium in seinem *Brief an die Smyrnäer* (6-8), dass die Eucharistie der Kitt der Einheit der Kirche sei, der Ort, an dem der gebrochene und hingegebene Leib Christi die Gläubigen in einer kreuzförmigen Gemeinschaft vereinte. Für Ignatius empfing der kirchliche Leib nicht nur den auferstandenen Christus; er wurde durch das Sakrament zu seinem Leib und offenbarte das Mysterium der Lehre in der Liturgie des Lebens.

Justin der Märtyrer beschreibt in seiner *Ersten Apologie* den christlichen Gottesdienst als ein zutiefst verkörpertes Ereignis: Die Heilige Schrift wird laut verkündet, Gebete gesprochen, Brot und Wein dargeboten, gesegnet und verzehrt. Es handelt sich nicht um Spektakel oder private Andacht, sondern um Teilnahme am Logos, einer rationalen, sakramentalen Liturgie, in der die Wahrheit der Lehre nicht seziert, sondern erfahren wird. Für Justin wurde die Lehre nicht getrennt vom Gottesdienst rezitiert, sondern durch ihn offenbart.

Die kappadokischen Kirchenväter, insbesondere Gregor von Nyssa, entwickelten diese Auffassung weiter. Gregor betrachtete die Schöpfung selbst als sakramental – eine mystische Vision, die die Behauptung dieses Kapitels bestätigt, dass die Lehre eine verkörperte, sinnliche Form annimmt. Die Schöpfung ist keine neutrale Materie, sondern ein göttliches Medium, durch das die Seele in eine immer tiefere Teilhabe an Gottes Mysterium hineingezogen wird. Diese Vision sieht die Lehre nicht als losgelöste Wahrheit, sondern als transformierende, inkarnatorische Reise in eine Welt, die von göttlicher Präsenz erfüllt ist und die Seele über sich selbst hinaus zu Gott führt. Christliches Leben kann als ein nie endender Aufstieg ins Mysterium verstanden werden, in dem der Körper und seine Praktiken keine Barrieren, sondern Instrumente der Verklärung sind. Der Geist verwirft die Materie nicht; er erleuchtet sie und heiligt das Materielle als das Mittel, durch das Gott göttliches Leben formt und vermittelt. Diese Aussage untermauert die übergeordnete Behauptung des Kapitels, dass die Lehre nicht abstrakt oder intellektuell, sondern inkarnatorisch und partizipativ ist und in den greifbaren, verkörperten Erfahrungen von Gottesdienst, Sakrament und kirchlicher Gemeinschaft Gestalt annimmt. In dieser mystischen Vision ist die Lehre kein abstraktes System, sondern die Anordnung des Verlangens nach göttlicher Schönheit, eine Reise der Teilnahme, nicht des Besitzes oder der Kontrolle.

Diese patristischen Stimmen finden in der wesleyanischen Vorstellungswelt großen Anklang. John Wesley beschritt weniger einen neuen theologischen Weg, als dass er den alten wiederbelebte und neu beanspruchte. Wie er in seiner Predigt "Der Charakter eines Methodisten" schreibt, bestand sein Ziel darin, das Wesen des Urchristentums, das in den Praktiken und dem Geist der frühen Kirche wurzelte, wiederzubeleben. Er wandelte treu in den Fußstapfen des "Urchristentums" und belebte dessen sakramentale Instinkte mit dem Feuer der Liebe Gottes neu. Wie die Kirchenväter glaubte Wesley, dass Gnade durch Greifbares vermittelt wird, dass man sich die wahre Lehre nicht durch Auswendiglernen aneignet, sondern durch Gebet, Gesang, Essen und Berührung. Seine Theologie der Gnadenmittel war eine Wiederbelebung der alten Überzeugung der Kirche, dass der Geist nicht nur die Seele, sondern auch die Sinne heiligt.

Wesleys liturgisches Gespür spiegelt Augustins Vision wider und veranschaulicht weiter, wie doktrinäres Verständnis nicht durch abstrakte Spekulation entsteht, sondern durch Anbetung, die die Gefühle formt und das Verlangen in *den Bekenntnissen neu ordnet,* wo die Erkenntnis Gottes aus einem Herzen erwächst, das in Anbetung eingestimmt ist, um Gott zu preisen. Augustinus lehrt, dass wahres Verständnis nicht in Spekulationen, sondern in Demut und Lob beginnt. Sowohl für Augustinus als auch für Wesley ist Freundschaft mit Gott und dem Nächsten kein Nebenprodukt der Lehre, sondern ihr Ziel. Und diese Freundschaft wird in den liturgischen Rhythmen der Kirche genährt, wo Herzen erwärmt, Körper erhoben und Geist erneuert werden.

In diesem Licht erscheint die wesleyanische Theologie nicht als eine Art theologische Innovation, die aus dem Nichts erschafft, sondern als treues Erbe. Die Lehre der Kirche nimmt im geheiligten Leib Gestalt an, wo Erinnerung zu Bewegung und Glaube zu Gesang wird. Von den frühen Märtyrern und Mystikern bis zu den Hymnen und Klassentreffen des Methodismus war die Lehre als Grammatik des Glaubens, erfüllt von Gottes Liebe, immer im sinnlichen Leben der Kirche verankert. Dieses beständige Muster unterstreicht die Kontinuität zwischen patristischer und wesleyanischer Theologie – nicht als divergierende Traditionen, sondern als gemeinsamer Strom inkarnatorischer Formung. Wesleys Rückbesinnung auf alte Praktiken spiegelt keine Innovation, sondern eine Wiederentdeckung wider, eine getreue Wiederholung des frühesten Verständnisses der Kirche, dass Lehre keine abstrakte Theorie, sondern verkörperte Teilhabe ist. Was die Kirchenväter in Weihrauch und Ikone praktizierten, was Wesley in Eucharistie und Freundschaft wiederentdeckte, haucht der Geist auch heute noch dem Leib Christi ein.

Die Lehre begnügt sich nicht damit, gedacht zu werden; sie will gesungen, in der Stille des Herzens gebetet, durch heilende Gesten gesalbt und am Abendmahl geteilt werden – eine partizipatorische Grammatik der göttlichen Liebe, die ihren vollsten Ausdruck in der Pädagogik des Heiligen Geistes in Anbetung, Verkörperung und Kommunion findet. In dieser Gemeinschaft des alten und zukünftigen Lobes blickt die Kirche in die Zukunft und trägt ihre Lehre mit erhobenen Händen, in in Liebe geöffneten Herzen und in Leibern, die mit dem lebendigen Christus verbunden sind.

Ikonen, Musik, Liturgie: Die sinnlichen Gaben des Geistes

Wenn die Lehre voll lebendig wird, wird sie in der Ikone sichtbar, in der Musik hörbar und in der Liturgie kinästhetisch – allesamt ein sinnlicher Ausdruck des formenden Wirkens des Geistes in der Kirche. Diese Formen sind nicht bloß ästhetischer, sondern pädagogischer Natur und prägen die Gläubigen durch die leibliche Teilhabe an der göttlichen Wahrheit. Diese Praktiken sind keine Ausschmückungen der Theologie; sie sind ihre Verkörperung und zentral für die Weitergabe der Lehre durch die Kirche durch gelebte, sinnliche Begegnung, die des Geistes eigene sinnliche Grammatik der göttlichen Liebe. In ihnen wird Theologie nicht bloß gelehrt, sondern man begegnet ihr, führt sie aus und singt sie. Sie sind keine Illustrationen der Lehre; sie sind ihre Form der Weitergabe und prägen nicht nur das Denken, sondern auch die Vorstellungskraft, die Erinnerung und das Verlangen.

Symbole: Das Wort sichtbar machen

Theologie wird in der Stille einer Ikone gemalt. Ikonen machen mit Farbe und Licht, was die Heilige Schrift mit Sprache und Geschichte macht: Sie verkörpern die partizipatorische Grammatik der Kirche und formen die theologische Vorstellungskraft durch visuelle Begegnung, so wie die Heilige Schrift sie durch Erzählung formt. Ikonen lehren nicht einfach durch Darstellung, sondern indem sie den Betrachter zur Kontemplation einladen und zu pädagogischen Fenstern werden, durch die die Lehre nicht nur gesehen, sondern auch verinnerlicht wird. Ikonen machen das Geheimnis des fleischgewordenen Wortes sichtbar. Beim Betrachten einer Ikone beobachtet die Kirche nicht nur, sie nimmt teil. Die Ikone stellt keine Abwesenheit dar; sie offenbart Anwesenheit. Sie schult das Auge, die verklärte Wirklichkeit wahrzunehmen: die Welt, durchdrungen von göttlichem Licht. Hier wird der Akt des Sehens zur Kontemplation und das Bild zu einem Fenster in das Reich Gottes.

In dieser visuellen Theologie finden wir Anklänge an Gregor von Nyssas Blickmystik, in der Kontemplation nicht Stillstand, sondern Bewegung ist. Ikonen sind nicht bloß historische oder ästhetische Artefakte; sie sind Portale, durch die der Geist die Seele zur Vereinigung mit Christus erhebt. In diesem kontemplativen Akt des Sehens prägt die Ikone die theologische Wahrnehmung und lädt den Betrachter ein, der göttlichen Schönheit zu folgen, sie zu empfangen und sich von ihr formen zu lassen, was selbst zu einer Pädagogik der Lehre wird.

Musik: In die Seele gesungene Lehre

Wenn Ikonen gemalte Theologie sind, dann ist Musik gelebte Theologie. Kirchenmusik ist nicht der Hintergrund des christlichen Lebens; sie ist sein Puls. Von den uralten Kadenzen des gregorianischen Chorals bis zur poetischen Kraft wesleyanischer Hymnen wusste die Kirche immer, dass gesungene Lehre zu erinnerter und begehrter Lehre wird. Musik prägt Gefühle, indem sie theologische Wahrheiten in Rhythmus und Klang einbettet und durch Wiederholung und emotionale Resonanz das Herz erreicht. Sie zeigt, dass gesungene Lehre im Gedächtnis Wurzeln schlägt und Sehnsucht weckt, wie bereits zuvor in diesem Kapitel erläutert. Auf diese Weise wird Gesang sowohl zur Katechese als auch zur Sehnsucht, wird Lehre nicht nur verstanden, sondern geliebt.

Augustinus bekräftigt in *seinen Bekenntnissen* (10. Buch) und *De Musica* (6. Buch), dass Musik nicht nur Freude bereitet, sondern auch die Seele erhebt. Singen, schreibt er, sei eine Form des intensivierten Gebets, denn "wer singt, betet doppelt." Melodie und Takt prägen das Gedächtnis und formen nicht nur den Verstand, sondern auch die Gefühle. Wenn die Kirche den Glauben besingt, bringt sie Herz und Stimme in Einklang mit der himmlischen Musik. Hymnen wie Charles Wesleys "Love Divine, All Loves Excelling" sind keine Ornamentik, sondern theologische Formation in lyrischer Form.

Musik verkörpert auch den Atem des Geistes. Im Gesang atmet die Gemeinde die Wahrheit des Geistes ein, die die Energie der Liebe Gottes ist, und atmet aus dem Atem des Geistes endloses Lob an den dreieinigen Gott aus. Die Kirche lernt, recht zu wünschen, indem sie die Schönheit der Heiligkeit besingt. Die Lehre wird, wenn sie gesungen oder harmonisiert wird, nicht weniger ernst, sondern tiefer verinnerlicht und erreicht die Vorstellungskraft durch Ton und Kadenz, Rhythmus und Refrain.

Liturgie: Lehre in Bewegung

Liturgie ist gelebte Theologie, eine verkörperte Synthese aus Ikone und Musik, die die visuellen und auditiven Dimensionen der Lehre in den leiblichen Gnadenrhythmus der Kirche integriert. Sie ist zugleich verkörperte Pädagogik, durch die die Lehre nicht nur ausgesprochen, sondern auch gelebt wird. Sie integriert und erweitert die durch Ikone und Musik initiierte theologische Bildung. Während Ikonen das Auge für die göttliche Schönheit schulen und Musik die Ohren schult, damit das Herz nach der Wahrheit verlangt, vereint Liturgie diese Sinne in einem heiligen Rhythmus aus Bewegung und Wort und lehrt den ganzen Körper, in der Liebe Gottes zu verweilen. Liturgie prägt die spirituelle Vorstellungskraft und die Liebesgewohnheiten der Kirche.

Liturgie ist die Choreographie der Gnade der Kirche, in der der Körper die Lehre durch Gesten, Haltung, Stille und Sakrament erlernt. Indem die Kirche kniet, um zu beichten, im Stehen verkündet, die Stirn mit heiligem Öl bekreuzigt oder die Eucharistie mit offenen Händen empfängt, vollzieht sie ihre Theologie – nicht abstrakt, sondern körperlich. Liturgie ist nicht bloß symbolisches Handeln; sie ist die Schule der Bildung des Geistes.

Liturgie ist der Raum, in dem die Trinitätslehre zur relationalen Realität wird. Sie verkündet nicht nur die Dreifaltigkeit, sondern formt das Volk Gottes nach ihrem Bild neu. Sie ist der Rhythmus, durch den wir in den ewigen Kreislauf der göttlichen Liebe hineingezogen werden, der sich durch Wort und Tisch, Fürbitte und Danksagung ausdrückt. Die Form der Liturgie wird zur Form der gelebten Lehre. Liturgie ist strukturierte Begegnung mit Gott.

Hier treffen sich wesleyanische und patristische Auffassungen erneut. John Wesleys liturgische Theologie, geprägt von der antiken christlichen Praxis, war von eben dieser Überzeugung beseelt: dass Gnade nicht nur im Denken, sondern auch in Bewegung und Gesang, in Wasser und Wein, im regelmäßigen Rhythmus des gemeinsamen Gottesdienstes empfangen wird. Für Wesley waren das Knien am Geländer, das Singen mit der Gemeinde und das Mitbeten an den Gebeten der Menschen Formen der Glaubensbildung.

Eine Sinnespädagogik der Liebe

Ikonen, Musik und Liturgie bilden das sinnliche Herzstück christlicher Pädagogik. Durch Sehen, Hören und Darstellen prägen sie, wie die Lehre wahrgenommen, erinnert und in die Praxis umgesetzt wird. So wird die Lehre Fleisch und Blut und formt die Kirche für die Gemeinschaft mit Gott und die Gestaltung seiner Zukunft. Lehre wird nicht als Daten, sondern als Freude vermittelt. Sie prägen die Theologie in den Körper, bewegen sie im Herzen und lassen sie in der Vorstellung widerhallen. Lehre ist nicht nur das, was die Kirche bekräftigt; sie ist das, was die Kirche sieht, singt und darstellt – eine Sprache des Glaubens, geformt durch den Atem des Geistes und die Gesten der Anbetung.

Diese Praktiken sind nicht marginal. Sie sind sakramentale Mittel der Glaubensbildung. Durch sie formt der Geist die Kirche zu einem lebendigen Zeichen der Zukunft Gottes und gestaltet den Leib Christi, um das kommende Reich Gottes in leibhaftiger, gemeinschaftlicher Weise zu bezeugen, wobei der Geist durch Schönheit, Bewegung und Klang lehrt. Die Lehre lebt, wenn sie in Gold gemalt, von Melodien getragen und im Kreuzzeichen nachgezeichnet wird. In diesen Gaben belehrt der Geist nicht nur den Verstand, sondern erweckt auch die Seele zur Freude der Gotteserkenntnis.

Die Kirche als Ikone der Dreifaltigkeit

All dies – Ikone, Musik, Liturgie, Freundschaft, Erinnerung – führt uns zur tiefsten Berufung der Kirche: eine lebendige Ikone der dreieinigen Liebe zu werden. Dieser Abschnitt fasst die sinnlichen und sakramentalen Fäden des Kapitels zu einer ekklesiologischen Synthese zusammen und stellt die Kirche nicht nur als Empfängerin der Lehre dar, sondern als ihren sichtbaren Ausdruck, einen vom Geist geformten Leib, durch den die Grammatik der göttlichen Liebe in der Welt gelebt, umgesetzt und Fleisch wird. Die Kirche spricht nicht nur die Lehre aus; sie verkörpert sie.

Nachdem wir die verkörperten Formen der Lehrbildung nachgezeichnet haben, wenden wir uns nun dem ekklesiologischen Kern dieser Praktiken zu: der Kirche selbst als der vom Geist geformten Gemeinschaft, in der die Lehre sichtbar, hörbar und relational wird. Diese sinnlichen und sakramentalen Praktiken sind kein Selbstzweck. Sie laufen zusammen und formen die Kirche als lebendige Pädagogik, eine Gemeinschaft, in der die Lehre Fleisch annimmt und Herz und Leib darin geschult werden, im Rhythmus der göttlichen Liebe zu verweilen. Sie sind prägende Wege, die die Kirche in die Gemeinschaft mit dem Gott führen, den sie verkündet.

Das Bekenntnis zur Dreifaltigkeit bedeutet, zu bekennen, dass das Wesen Gottes die Gemeinschaft von Vater, Sohn und Heiligem Geist ist, die in unendlicher, verletzlicher Liebe ewig ineinander wohnen. Dieses göttliche Leben ist kein statisches Wesen, sondern dynamischer Austausch: die freudige Perichorese von Selbsthingabe und Selbstempfang. Die Lehre bringt diese Wahrheit getreu zum Ausdruck, doch die Kirche setzt sie in die Tat um. Die Kirche wird zu einer Ikone der Dreifaltigkeit, wenn sie diesen Rhythmus lebt: vergibt, dient, feiert, versöhnt und sich für die Welt hingibt.

Die Kirche lebt nur, wenn sie am Leben des dreieinigen Gottes teilhat. Kommunion ist nicht optional, sie ist ihre Ontologie. Schließlich ist Gottes Wesen Liebe. Indem sie sich auf Geheiß des Heiligen Geistes versammelt, wird die Kirche zum Sakrament göttlicher Relationalität und lässt die trinitarische Liebe in der Geschichte Gestalt annehmen. Was Gott in der Heilsgeschichte tut, offenbart, wer Gott in Ewigkeit ist. Wenn dies wahr ist, dann ist jeder Moment der Kommunion, jeder Akt der Versöhnung, jede eucharistische Gemeinschaft und jede vom Geist geformte Freundschaft eine Teilhabe an Gottes eigenem Leben. Ekklesiologie ist daher kein separater Zweig der Theologie, sondern Lehre in Bewegung, Lehre als vom Geist choreografiertes Leben.

Catherine LaCugna beschreibt die Kirche als "lebendige Ikone der Selbsthingabe Gottes". Orthodoxie und Orthopraxie sind daher untrennbar: Wir erkennen die

Dreifaltigkeit nicht durch abstrakte Spekulation, sondern indem wir zu Menschen werden, deren Leben die göttliche Gemeinschaft widerspiegelt. Die Kirche ist nur insofern eine Ikone, als sie als Sakrament der Liebe Gottes lebt – verletzlich, gastfreundlich, beziehungsorientiert und freudig. Richtige Lehre reduziert sich nicht auf begriffliche Genauigkeit; sie ist relationale Treue. Die Kirche ist nicht bloß Zuhörer der Offenbarung Gottes, sondern Bühne, auf der sich das Drama der Erlösung entfaltet. Sie nimmt teil am göttlichen Drama der Liebe, in dem sich die Lehre nicht als Monolog entfaltet, sondern als gemeinschaftliche Verkörperung, ein Drehbuch, das in Anbetung, Mission und Gegenseitigkeit Gestalt annimmt. Die Kirche sagt nicht nur die Wahrheit über Gott; sie lebt sie aus und wird so zu einem sichtbaren Zeichen der dreieinigen Geschichte.

Diese Aufführung ist keine institutionelle Choreographie, sondern mystische Transformation. Wahre Gotteserkenntnis erlangt man nicht durch analytische Präzision, sondern durch die allmähliche Verklärung der Seele in der Liebe, einen mystischen Aufstieg in göttliche Schönheit, der die Aussage dieses Kapitels widerspiegelt, dass Lehre ein dynamischer und partizipativer Prozess ist. Die Kirche wird zur Gemeinschaft, die gemeinsam verwandelt wird und durch die Lehre als Teilhabe in das Leben Gottes aufsteigt, wo die Liebe jede Formation formt und erhält, sozusagen in das Leben Gottes. Ihre Einheit ist nicht primär strukturell, sondern sakramental, ein Zeichen ihrer fortwährenden Teilnahme am vereinenden Leben von Vater, Sohn und Geist.

Diese Einheit hebt die Vielfalt nicht auf, sondern feiert sie und spiegelt die trinitarische Vision der Einheit in der Verschiedenheit wider, in der unterschiedliche Personen in vollkommener Gemeinschaft leben. Diese theologische Vision formt die Kirche, um nicht durch Uniformität, sondern durch relationale Treue Zeugnis abzulegen. Ihre Lehre verkörpert sich in der Harmonie der Verschiedenheit, die die Gegenseitigkeit von Vater, Sohn und Geist widerspiegelt. Die Kirche wird also nicht durch institutionelle Konformität in vereinender Liebe vereint, sondern durch das ansteckende

Geschenk der Gemeinschaft – einer Gemeinschaft, die die gegenseitige Liebe und Verschiedenheit der göttlichen Personen widerspiegelt. Die Lehre ist in diesem Sinne kein geschlossenes System, sondern eine dynamische Choreographie, der Rhythmus, durch den die Kirche lernt, so zu lieben, wie Gott liebt.

Wesleyanische Heiligkeit ist genau dies: Liebe, die in der Gemeinschaft vollkommen wird, Lehre, die in der vom Geist geformten Grammatik der Liebe Gestalt annimmt, in Gottesdienst, Freundschaft und gerechtem Zeugnis der Kirche. Für Wesley ist Heiligung nicht private Frömmigkeit, sondern geteilte Freude, eine Heiligkeit, die den Gläubigen in Liebe mit Gott, dem Nächsten und der Schöpfung verbindet. Die geheiligte Kirche spiegelt nicht nur die Dreifaltigkeit wider; sie nimmt an ihr teil. In ihren Gebeten und Freundschaften, in ihren Sakramenten und Liedern, in ihrer Gerechtigkeit und ihrer Barmherzigkeit wird die Kirche in ihrem Fleisch und ihrer Zerbrechlichkeit zu einer lebendigen Ikone des ewigen Tanzes, strahlend vom Leben Gottes für das Leben der Welt.

Apokalyptische Enthüllung: Stöhnend dem Ruhm entgegen

Nachdem wir die Kirche als lebendige Ikone der dreieinigen Liebe betrachtet haben, müssen wir dieser Ikone nun in die Trauer der Welt folgen. Dies markiert einen Wechsel von der Ekklesiologie zur Eschatologie, wo sich die Lehre von der kontemplativen Bildung im Leib Christi zum öffentlichen Zeugnis inmitten der Brüche der Geschichte bewegt. Die Ikone tritt nun in Klage und trägt Hoffnung in das Stöhnen der Welt. Die Kirche spiegelt Gottes Leben nicht nur in Buntglas und geistlichem Gesang wider; sie legt auch in Tränen, Asche und Protest Zeugnis ab. Ikone zu sein bedeutet auch, Zeuge zu sein, treu in einer stöhnenden Schöpfung zu leben, die Wunden der Geschichte zu tragen, während sie gleichzeitig die "Hoffnung auf Herrlichkeit" verkündet.

Das Bild der Kirche ist nicht nur in Gold gemalt, sondern auch in Trauer. Die Lehre, wenn sie wahr ist, muss lernen zu stöhnen, eine Grammatik der Hoffnung, geformt im Leid, abgestimmt auf Klage und Sehnsucht, und den Dialekt der vom Geist inspirierten Widerstandsfähigkeit der Hoffnung sprechen, geformt im Leid, und die partizipatorische Grammatik erweitern, die früher in diesem Kapitel untersucht wurde. Hier ist diese Grammatik nicht nur von Schönheit und Lob geprägt, sondern von Klage, Protest und vom Geist inspirierter Widerstandsfähigkeit, um den Dialekt der Klage, Sehnsucht und widerstandsfähigen Hoffnung zu sprechen. Sie muss den Schrei der Schöpfung selbst widerhallen lassen, die, wie Paulus schreibt, in Geburtswehen stöhnt und auf Erlösung wartet. Auch der Geist stöhnt mit Seufzern, die zu tief für Worte sind. In einer solchen Welt kann Lehre keine losgelöste Spekulation sein; sie muss zu poetischem Mut werden, der sowohl das Strahlen als auch den Bruch benennt, sowohl das Schon-als-auch-das-Noch-nicht.

In seinem charakteristischen Werk *"Die prophetische Vorstellungskraft"* erinnert uns Walter Brueggemann daran, dass die prophetische Vorstellungskraft in Klage, Poesie und Hoffnung wurzelt. Theologie ist nicht passive Reflexion, sondern imaginativer Widerstand und generative Gestaltung als fantasievolle, störende und Hoffnung stiftende Rede, die die Wirklichkeit neu wahrnimmt und Neues hervorruft. Sie prägt eine umfassendere Vision der Lehre nicht nur als Kritik, sondern als kreative eschatologische Gestaltung, bei der es nicht darum geht, zukünftige Ereignisse vorherzusagen, sondern die Wirklichkeit neu wahrzunehmen. Sie wagt es zu sehen, was das Imperium verbirgt, auszusprechen, was das Imperium zum Schweigen bringt. Prophetische Vision erzeugt Hoffnung, indem sie Starre durchbricht und falsche Unvermeidlichkeiten aufdeckt. Sie ruft Neues in den Ruinen hervor. Wenn die Kirche diese Berufung annimmt, wird die Lehre zur prophetischen Rede, nicht länger ein Abwehrsystem der Vergangenheit, sondern ein neues Lied in einem müden Land, eine Sprache, die aus der Klage geboren und von hartnäckiger Freude getragen wird.

In diesem prophetischen Modus betont Karl Rahner, dass Theologie sowohl mystisch als auch historisch sein muss. Sie kann nicht in den Wolken verharren; sie muss aus dem Staub entstehen, aus Gebeten, die in Wunden wurzeln, und aus Visionen, die am Kreuz der Geschichte geschmiedet wurden. Lehre wird glaubwürdig, wenn sie die Last der Geschichte trägt und mit den Gekreuzigten geht und dabei sowohl Verleugnung als auch Verzweiflung ablehnt. Die Propheten Israels, denen Rahner zustimmt, sprachen nicht aus neutralem Boden. Wie eine Ikone, geformt vom Licht der Zukunft Gottes, sahen die Propheten nicht nur, was war, sondern auch, was sein könnte, indem sie die Wirklichkeit aus der Grammatik der Liebe und der Hoffnung auf göttliches Werden heraus benannten. Sie sahen aus der Zukunft, ihre Zungen entzündet vom göttlichen Feuer, brachen Selbstgefälligkeit auf und riefen ein Volk zum Erwachen.

Die Lehre wird apokalyptisch, wenn sie das Verborgene enthüllt, wenn sie, wie die Ikone, die göttliche Wahrheit nicht durch Abstraktion, sondern durch Teilhabe, Leiden und Hoffnung. So wie die Ikone Präsenz durch Form und Licht offenbart, enthüllt die apokalyptische Lehre Herrlichkeit unter Trauer und Verheißung unter Ruin – eine weitere Form theologischer Vision, durch die die Kirche lernt, Gottes Zukunft in die Gegenwart einbrechen zu sehen. Indem die Lehre apokalyptisch wird, offenbart sie die Herrlichkeit, die unter Ruinen brodelt, den Geist, der unter der Stille weht, den Gott, der gerade jetzt kommt.

Dies ist keine Lehre der Realitätsflucht, sondern des fortwährenden Werdens. Die Eschatologie erinnert uns daran, dass die Reise der Seele zu Gott nie zu Ende ist. Diese Vision unterstreicht die Aussage dieses Kapitels, dass die Lehre immer ein Hineinwachsen in Gott ist und erst dann vollendet ist, wenn alle in der göttlichen Liebe vereint sind. Seine Theologie der fortwährenden Transformation ruft die Kirche dazu auf, offen für Überraschungen zu bleiben, stets auf die erneuernde Gnade des Geistes eingestimmt zu sein und sich stets nach der Fülle der Herrlichkeit auszustrecken.

Miroslav Volf nennt diese Haltung "die Erinnerung annehmen", eine Art, Leid ohne Rache zu ertragen, ein Erinnern auf eine Weise, die Versöhnung und Gerechtigkeit ermöglicht. Die Lehre darf nicht als Waffe eingesetzt werden, um den Status quo zu bewahren. Sie muss zum Ferment der Erneuerung werden, zu einer Vision der Hoffnung, die in den Rissen der Ungerechtigkeit gärt und auf das Königreich zusteuert, in dem alle wiederhergestellt werden.

Diese Lehre entwickelt sich nicht, weil sich die Wahrheit, dass Gott Liebe ist, ändert, sondern weil das dynamische Wirken des Geistes Sprache und Leben der Kirche ständig erneuert. Der Geist hält am Kern des Evangeliums fest, bewahrt dessen Wesen und erneuert gleichzeitig seine Stimme für jede Generation, während er seine Form für jede Generation neu gestaltet. Er bewahrt dessen Wesen und entzündet gleichzeitig neue Ausdrucksformen der Gnade und des Zeugnisses. So wie Gottes Liebe unveränderlich treu ist, ist auch der Geist, der die Energie seiner Liebe über die gesamte Schöpfung ausgießt, nicht statisch. Er ist nicht der Kurator von Museumsreliquien, sondern die Flamme, die tote Worte in lebendiges Zeugnis verwandelt. Er atmet durch die Risse in unseren Formulierungen, in der Stille vor einer Ikone, im Klang eines Kirchenliedes, in der Umarmung der Freundschaft, in der Berührung mit heilendem Öl und entzündet müde Wahrheiten mit neuem Feuer. Der Geist offenbart immer wieder, was Christus bereits kundgetan hat: dass die Liebe nicht versagen wird und dass Gerechtigkeit immer noch möglich ist, weil das Ziel der Gerechtigkeit Gottes immer Liebe ist.

In jedem Akt eucharistischen Widerstands, in jedem fleischgewordenen Glaubensbekenntnis, in jedem Protestmarsch, der Klagelieder singt und die Verzweiflung ablehnt, in jedem Moment, in dem erneut Hoffnung gewagt wird, wird Glaubensbekenntnis erneuert. Nicht verworfen, sondern verklärt. In den Händen des Geistes lernt die Kirche neu zu sehen, wieder zu sprechen, nach Ruhm zu seufzen, im Vertrauen darauf, dass das Reich Gottes auch jetzt, auch hier, nahe ist.

Eucharistie als apokalyptische Erinnerung und Zukunft

In der Eucharistie wird die Lehre verarbeitet, hier erreicht die partizipative, sinnliche Pädagogik des Geistes ihre intimste Form. In diesem Akt gemeinsamer Nahrung wird die Lehre nicht nur gehört oder gesehen, sondern in den Leib aufgenommen und wird zur lebendigen Grammatik der Gnade. Hier verschwimmt die Zeit, und die Ewigkeit naht: Vergangenes Opfer trifft auf künftige Herrlichkeit, und der auferstandene Christus wird nicht nur als Ereignis in Erinnerung behalten, sondern als Speise empfangen, als Festmahl neuen und ewigen Lebens. In gebrochenem Brot und eingeschenktem Wein rezitiert die Kirche nicht einfach Glaubenssätze. Sie isst sie. Sie nimmt den in sich auf, der Wahrheit, Gemeinschaft und Leben ist.

Bei diesem heiligen Mahl wird die Lehre gegenwärtig, nicht als ein zu analysierendes Konzept, sondern als Wirklichkeit, der man begegnet. Sie ist nicht abstrakt, sondern verkörpert: ausgeführt, empfangen und geteilt. In Anlehnung an die Vision des Kapitels von der Lehre als Aufführung wird diese Gegenwart zu einem greifbaren Zeugnis göttlicher Liebe, die zwischen zitternden Händen weitergegeben und in der Gemeinschaft der Heiligen gelebt wird. Die Kirche empfängt kein Symbol, sondern den lebendigen Christus, der sich immer wieder hingibt, nicht um seziert, sondern um gekostet, verdaut und geteilt zu werden. Henri de Lubac sagte so treffend: "Die Eucharistie macht die Kirche." Bei diesem Akt wird die Lehre nicht diskutiert, sondern aufgenommen. Christus wird nicht nur verkündet, sondern verzehrt. Der Leib Christi wird zu dem, was er isst: Gemeinschaft für eine zersplitterte Welt.

In der Eucharistie ist Erinnerung nicht bloße geistige Erinnerung, sondern sakramentale Verwandlung. Die Kirche erinnert sich nicht nur an Christus; sie wird in Christus wieder vereint, über Zeit, Raum und Verschiedenheit hinweg zu dem einen Leib zusammengeführt, der von Liebe geformt ist. Diese eucharistische Verwandlung ist nicht nur persönlich, sondern kirchlich, ja kosmisch. Die Identität der Kirche ist grundlegend eucharistisch: Am Tisch versammelt der Heilige Geist die Gläubigen über Zeit und Raum hinweg zum Leib und macht den Ausbruch des Reiches in die Geschichte sichtbar. Der Tisch ist also kein bloßes Symbol, sondern eine apokalyptische Enthüllung, die die Vision der

Offenbarung und die seufzende Hoffnung widerspiegelt. Wie die apokalyptische Lehre die göttliche Wahrheit durch Leiden und Verheißung enthüllt, so tut dies auch die Eucharistie, die den Anbruch der Zukunft Gottes in Gestalt von gebrochenem Brot und gegossenem Wein offenbart. Hier erinnert sich die Kirche nicht nur, sie schaut das enthüllte Geheimnis der Liebe Christi, die für die Welt Fleisch geworden ist. Die Eucharistie ist das eschatologische Herzstück der fleischgewordenen Lehre. Sie ist eine Apokalypse, eine Enthüllung dessen, was bereits wahr ist und noch kommen wird.

Die Kirche kann, wie Hans Urs von Balthasar vorschlug, als "theodramatischer Akt" betrachtet werden, und die Eucharistie als ihr Höhepunkt, in dem Lehre zur Aufführung, Theologie zum Drama und Liebe essbar wird – ein lebendiges Zeichen der sinnlichen Pädagogik der Lehre und der verkörperten Theologie. Im liturgischen Drama von Wort und Tisch spricht die Kirche nicht nur von Gott; sie nimmt teil an der göttlichen Gnadenwirkung. Die Eucharistie ist die Bühne, auf der das dreieinige Leben in Gesten des Gebens, Empfangens und Sendens dargestellt wird. In Wort und Tisch wird Theologie zur Liturgie, Liebe essbar. In dieser relationalen Vision erfahren wir die Eucharistie als den höchsten Ausdruck trinitarischen Lebens, das wir mit der Welt teilen. Hier wird Theologie zum Lobpreis und das göttliche Mysterium zur selbstlosen Gegenwart. Die Eucharistie ist in ihrer Vision der Ort, an dem die Kirche am wahrhaftigsten sie selbst ist: eine Gemeinschaft, die in der überfließenden Liebe Gottes gründet.

Und wenn die Eucharistie uns in Gottes Leben aufnimmt, öffnet sie uns auch den Blick auf Gottes Zukunft. Karl Rahner nennt die Eucharistie das "wahre Symbol" der Zukunft Gottes, keinen Platzhalter, sondern eine sakramentale Verwirklichung der Gnade. Bei diesem Mahl kostet die Kirche nicht nur Vergebung, sondern auch die verklärte Zukunft: die kommende Welt, die in die Gegenwart einbricht, das Eschaton, das in einem Kelch dargeboten wird. Lehre ist hier keine Theorie mehr; sie ist essbare Eschatologie, ein sakramentaler Akt, der an Christi Vergangenheit erinnert und seine verheißene Zukunft vorwegnimmt, der die Kirche in der Hoffnung auf Herrlichkeit vereint, als Vorgeschmack der neuen Welt. Der Tisch ist nicht der Abschluss des Glaubens, sondern sein Anfang, die Nahrung eines Volkes, das in der verheißenen Hoffnung der neuen Schöpfung zusammenlebt.

Die Eucharistie ist kein statisches Ritual, sondern ein dynamischer Aufstieg. Sie ist die Nahrung der Seele auf ihrer Reise in Gottes unerschöpfliche Schönheit. Brot und Wein sind nicht der Abschluss, sondern der Anfang, die Speise der Pilgerfahrt in die göttliche Umarmung. Die Eucharistie liefert die Grammatik des Glaubens, eine vom Geist geprägte Pädagogik, in der Lehre zur Gestaltung in der Kommunion wird, in der Lehre verkörpert, umgesetzt und eschatologisch aufgeladen wird. Die Eucharistie macht nicht nur die Kirche; sie formt ihre Grammatik des Glaubens. Hier vereint der Geist Erinnerung, Leib und Hoffnung in einer heiligen Kommunion. Die Lehre wird zum Stoff des Sakraments: aufgenommene Wahrheit, gebrochene Gnade, verkörperte Hoffnung. Am Tisch wird die Kirche wieder zum Symbol der kommenden Welt reformiert.

Die Lehre zu bekennen bedeutet also nicht nur, die Wahrheit zu artikulieren, sondern sie zu leben, geformt durch den eucharistischen Tisch und gestaltet durch die Gnade zu einem gelebten Bekenntnis, das verkörpert, was am eucharistischen Tisch empfangen wurde, wo die Lehre zum krönenden Ausdruck der vom Geist geformten, sakramental umgesetzten Pädagogik wird, die die Kirche für Gottes Zukunft formt. Bekennen bedeutet, in der Wahrheit zu leben, geformt durch die Gnade und genährt in der Gemeinschaft, wo der Glaube nicht nur verkündet, sondern gelebt wird. Es ist die Choreographie des Geistes für ein heiliges Leben, aufgeführt in Freundschaften, Sakramenten, Musik, Liturgien und im Zeugnis. Es ist eine Grammatik der Gemeinschaft, die den Leib lehrt, die Welt zu sehen, ihr zu dienen und sie in verklärte Möglichkeiten zu singen.

Geformt durch die Erinnerung, korrigiert durch die Liebe, umgesetzt durch die Sinne und erfüllt in der eucharistischen Hoffnung, wird die Lehre zum lebendigen

Bekenntnis einer pilgernden Kirche. Sie ist das Lied der Heiligen und die Schule der Seele. Von der gemalten Ikone bis zum geflüsterten Hymnus, vom geteilten Brot bis zu den geteilten Tränen lebt die Kirche die Lehre nicht durch Abstraktion, sondern durch Inkarnation und wird zu dem, was sie bekennt.

Wenn die Lehre atmet, formt sie Jünger, die Ikonographen der Gnade, Handwerker der Hoffnung und Teilhaber der dreieinigen Liebe Gottes von Ewigkeit zu Ewigkeit sind.

Fazit: Die Lehre als Choreographie der Liebe des Geistes

Nachdem wir gerade die Eucharistie als Höhepunkt der fleischgewordenen Lehre beschrieben haben, bekräftigen wir nun: Lehre ist im tiefsten Inneren kein System, das man auswendig lernt, sondern ein Leben, das man leben muss, eine Grammatik der Gnade, genährt durch das Sakrament und geformt durch Lobpreis, der ein Volk nach dem Bild Christi formt. In diesem Kapitel haben wir die prägende Kraft der Lehre nachgezeichnet, nicht als abstrakte Theorie, sondern als vom Geist geprägte Pädagogik, die die Kirche in Glaube, Hoffnung und Liebe erzieht. Lehre beginnt in der Erinnerung und entfaltet sich im verkörperten Zeugnis; sie singt durch geistliche Musik, leuchtet in Ikonen, bewegt sich in der Liturgie und findet ihre Fülle am eucharistischen Tisch.

Auf diesem Weg haben wir gesehen, dass Lehre keine statische Ansammlung von Wahrheiten ist. Sie ist dynamische Teilhabe am selbstlosen Leben des dreieinigen Gottes. Die Kirche wird zum Sinnbild dieses göttlichen Lebens, nicht durch vollkommene Klarheit der Aussage, sondern durch treue Erziehung, indem sie lernt zu vergeben, willkommen zu heißen, zu singen, zu dienen und in Hoffnung gemeinsam zu leiden. Lehre nimmt Gestalt an, indem sie Freundschaften stiftet, Sehnsüchte weckt und die Kirche darauf vorbereitet, ein heiliges Opfer für die Welt zu werden.

Wir haben auch bekräftigt, dass die Lehre mit der Schöpfung stöhnen, klagen, protestieren und hoffen muss, inmitten der Brüche der Geschichte. Wahre Lehre ist prophetisch und apokalyptisch – keine Abkehr von der Grammatik der Kirche, sondern ihre vom Geist inspirierte Entfaltung im Laufe der Zeit. Sie bleibt dem Kern der sich selbst offenbarenden Liebe Gottes treu und spricht doch immer wieder neu in die Krisen, Klagen und Sehnsüchte der Geschichte hinein. Treue Lehre reagiert nicht nur auf die Wunden der Geschichte, sondern enthüllt Gottes erlösende Zukunft durch fantasievolles Zeugnis und Hoffnung. Sie enthüllt verborgene Gnade; sie widersteht der Verzweiflung und eröffnet eine Zukunft, die nicht von uns geschaffen, sondern von Gott verheißen ist. Sie wagt es, Licht ins Dunkel zu bringen und lädt die Kirche ein, das kommende Reich Gottes schon jetzt zu verkörpern.

Und am eucharistischen Tisch laufen all diese Fäden zusammen. Erinnerung und Leib, Ikone und Gesang, Liturgie und Freundschaft, alles zu einem sakramentalen Ganzen verwoben. Hier erinnert sich die Kirche nicht nur, sondern setzt die Lehre als verkörperte Hoffnung und gemeinschaftliches Zeugnis um, wo die Grammatik der göttlichen Liebe gebrochen und für das Leben der Welt geteilt wird. Hier küssen sich Erinnerung und Zukunft; hier wird die Lehre gebrochen und geteilt und wird wieder zum verkörperten Zeugnis der Liebe, zur fleischgewordenen Lehre. Der Geist macht die Theologie essbar, gemeinschaftlich und strahlend. Die Kirche erinnert sich nicht nur an Christus; sie wird wieder in Christus eingegliedert und wird wieder zu dem, was sie empfängt: Liebe, die für das Leben der Welt ausgegossen wird.

Die Lehre ist also nicht Besitz der Kirche, sondern ihre Berufung, die vom Geist geformte, sakramental umgesetzte Pädagogik, die die Kirche auf das Leben in Gottes Zukunft vorbereitet. Sie ist die Choreographie des Geistes für ein heiliges Leben, ein Leben, das die Musik des Himmels auf den Straßen der Erde widerhallen lässt. Es wird nicht in Isolation, sondern in Gemeinschaft gelebt, nicht durch Spekulation, sondern durch Inkarnation, ein Leben, das in Ikonen und Eucharistie, in Freundschaft und Zeugnis, in Gesang und Sakrament geformt wird. Es formt Jünger, die mit den Augen der Barmherzigkeit sehen, mit der Stimme des

Lobes singen, mit den Händen Christi dienen und im Rhythmus der dreieinigen Liebe leben.

Dies ist Fleisch gewordene Lehre. Dies ist die Vorbereitung auf Gottes Zukunft.

Kapitel Sechs
Doktrin in der Wildnis
Die treue Grammatik der Liebe in einer zersplitterten
Welt und Gottes Zukunft

Wie John und Charles Wesley oft beschrieben haben, sind wir "Abschriften der Dreifaltigkeit" (Wesley). Geformt durch dieses Bild der dreieinigen Liebe werden wir wie Moses und Jesus auf Geheiß des Geistes in die Wildnis geschickt, um unsere Glaubensgeschichten mit der Grammatik der Liebe Gottes zu schreiben, die bereits als Weisheit des Schöpfers in das Gewebe des Universums eingraviert ist, für das Leben der Welt. Nicht nur unsere Zukunft und die gesamte Schöpfung hängen von dieser sich entfaltenden, treuen Erzählung vom Anbruch der Neuen Schöpfung ab, sondern Gottes Zukunft ist eng mit unseren überraschenden Erzählungen treuen Zeugnisses und eschatologischer Hoffnung verbunden. Wenn unsere Lehren, unsere Glaubensgeschichten in der Wildnis Fleisch werden, schreiben wir die Grammatik der Liebe Gottes mit der Sehnsucht der Schöpfung, die Gottes und unsere Zukunft in der Neuen Schöpfung vorbereitet.

Während die ganze Schöpfung danach lechzt, das Angesicht Gottes zu sehen, seufzt der Geist tief nach der vollen Entfaltung der Schöpfung. Lauschen wir weiterhin auf den Geist, dann werden wir aus tiefster Tiefe hören, dass selbst in der Dunkelheit alles gut wird und dass Gott immer zu Hause ist und uns durch Stille und Hingabe in seine göttliche Gegenwart einlädt. Der dreieinige Schöpfer sehnt sich voller Vorfreude und Verlangen danach, Gottes eigenes "neues Antlitz" im Angesicht aller Dinge der Schöpfung erstrahlen zu sehen. So lernen wir, unsere Glaubensgeschichten in der Wildnis mit der Grammatik von Gottes unendlicher, verletzlicher Liebe zu schreiben. Dies ist eine Doxologie, die in jedem Winkel der Schöpfung geschrieben steht, bis zum "Ende der Neuen Schöpfung"

(Charles Wesley), die so endlos und ewig ist wie die unendliche, verletzliche Liebe, die Gott ist.

Einrahmen des Kapitels
Die Zukunft, die winkt

Dieses letzte Kapitel verknüpft Erinnerung, Verkörperung und öffentliches Zeugnis zu einer Vision kirchlicher Bildung, die auf Hoffnung gründet. Die Kirche erinnert sich nicht nur an die Lehre und praktiziert sie nicht nur in der freien Wildbahn, sondern wird durch sie zu Gottes Zukunft geformt, geformt gerade durch das Unvorhersehbare, durch Kontexte, in denen Glaube auf die Probe gestellt wird und Liebe wirken muss. Die Lehre, die im Leben der Kirche Gestalt annimmt, wird zu einem Weg spiritueller Reife, gemeinschaftlicher Urteilskraft und Mission in einer zersplitterten Welt, die von kultureller Zerrüttung, ökologischen Krisen und politischen Unruhen geprägt ist.

Von Bildung zu sprechen bedeutet zu fragen: Wie prägt die Lehre, wer wir werden? Zu was für Menschen werden wir durch die Geschichten, die wir wiederholen, die Sakramente, die wir empfangen, und das Zeugnis, das wir geben? Dies ist nicht nur ein pastorales Anliegen, sondern ein theologischer Imperativ. Denn wahre Lehre ist nicht statisch, sondern kinetisch; sie zieht uns voran in das Leben des dreieinigen Gottes, in die Schöpfung aller Dinge.

Die Kirche muss daher nicht nur in der Erinnerung verwurzelt und im Zeugnis beständig sein, sondern auch von eschatologischer Vorstellungskraft beseelt sein. Sie ist nicht die Hüterin alter Wahrheiten, sondern der Schmelztiegel, in dem die neue Schöpfung erprobt, vorweggenommen und gelebt wird – ein Schmelztiegel, der vom ersten Licht der Auferstehung entzündet und von der Verheißung des Heiligen Geistes, alles neu zu machen, geformt wird. Das Reich Gottes ist keine leere Metapher. Es ist eine Zukunft, die bereits begonnen hat, eine Zukunft, deren erstes Licht in der Auferstehung Christi bereits aufgegangen ist.

In der Wildnis gelebte Lehre ist nicht nur der Vergangenheit treu, sondern prophetisch für die von Gott verheißene Zukunft. Sie wurzelt in der Erinnerung, erwächst aus Hoffnung und schreitet der Neuen Schöpfung entgegen, in der alles erneuert wird. Wenn die Erinnerung der Boden der Kirche und ihre Verkörperung ihre Blüte ist, dann verfolgt dieses Kapitel die Frucht: öffentlich gelebte Lehre, in Schmerz, Pluralismus und Beharrlichkeit. Dies ist der missionarische Überfluss der Tradition, die erinnert und verklärt wurde. Es ist der Weg, den die Lehre nimmt, wenn sie das Heiligtum verlässt und in die Wildnis der Welt eintritt. Dies ist keine Abkehr von der Orthodoxie, sondern ihr wahrster Ausdruck, denn der dreieinige Gott ist überströmende Liebe. Der Vater sendet, der Sohn verkörpert, und der Heilige Geist gibt Kraft. Die Kirche, geprägt von dieser göttlichen Choreographie, wird in die Wildnis gesandt, nicht um die Welt zu beherrschen, sondern um treu in ihr zu leben, nicht um der Welt zu entfliehen, sondern um sich mit ihr auseinanderzusetzen. Die Lehre muss, um treu zu sein, mit derselben zentrifugalen Energie der Liebe agieren. Das Stöhnen der Schöpfung hängt von unserer treuen Grammatik der Liebe ab, die aus der eschatologischen Hoffnung lernt: das heißt, einer Hoffnung, die von der von Gott verheißenen Zukunft geprägt ist, durch die Auferstehung in die Gegenwart einbricht und uns dazu zwingt, so zu leben, als wäre die neue Schöpfung bereits im Gange.

Doktrin auf der Straße: Öffentlicher Glaube in einem fragmentierten Zeitalter

Wohin können Sie heute die Lehre bringen? Wer muss die gute Nachricht nicht in der Debatte, sondern im Brot, nicht im Streit, sondern in der Gegenwart hören? Was geschieht, wenn die Lehre den Altarraum verlässt? Wenn sie aus dem Kirchenschiff hinaus in eine Welt gelangt, die von Ungerechtigkeit, Konsumismus, Gewalt und Verzweiflung zerrissen ist? Die Lehre, die in der Liturgie gesungen wird, muss auf dem Marktplatz gelebt werden. Sie kann nicht auf das Echo des Altarraums beschränkt bleiben. Wenn sie wahr sein soll, muss sie Schuhe anziehen.

Die Lehre auf der Straße ist nicht ohne Ehrfurcht, sondern erfüllt von Dringlichkeit. Sie wird zu gelebter

Theologie, zu einem öffentlichen Glauben, der mit Zärtlichkeit und Kühnheit zugleich die Bruchstellen menschlicher Erfahrung anspricht. Sie verkündet Christus nicht als Abstraktion, sondern als den Gekreuzigten und Auferstandenen, der an der Seite der Hungrigen, Unterdrückten und Müden geht. Es ist keine Lehre losgelöst vom Mysterium, sondern eine Lehre, die in Barmherzigkeit Gestalt annimmt. Prophetische Lehre ist keine Waffe, sie ist eine Wunde, getragen aus Liebe zur Wahrheit und zur Kirche, die sie heilen will.

Wahre Lehre entsteht nicht durch Eroberung, sondern durch *Kenosis*, durch die Entleerung, die Raum schafft, damit Gott in der Seele geboren werden kann. Dies steht im Einklang mit dem Christushymnus in Philipper 2, wo Christus sich in radikaler Liebe entäußert. Auf der Straße wird diese kenotische Lehre zu einer Präsenz, die zuhört, bevor sie spricht, willkommen heißt, bevor sie warnt, und nebenhergeht, anstatt vorauszueilen. Eine solche Theologie betrachtet die Zerbrochenheit der Welt im Licht göttlicher Geduld, flieht nicht davor, sondern erträgt sie mit strahlendem Vertrauen. Dieses radikale Vertrauen in die göttliche Liebe steht im Einklang mit der Vision einer Lehre in der Wildnis, als einer Grammatik der Liebe, die im Chaos fortbesteht und Gottes eschatologische Treue bezeugt, selbst wenn die Geschichte auf fatale Weise zerbrochen scheint.

In einer Welt, die zunehmend von Ideologien und polarisierenden Parolen beherrscht wird, kann die Lehre zu einem bloßen Identitätssymbol verkommen, zu einem Zeichen tribalistischer Zugehörigkeit oder zu einer Waffe der Ausgrenzung kirchlicher Apartheid. Doch eine gläubige Lehre widersteht diesem Impuls. Sie zeugt von einer tieferen Verbundenheit: der Verbundenheit mit dem dreieinigen Gott, dessen Liebe Tribalismus, Nationalismus und Reduktionismus übersteigt. Die Kirche muss lernen, wieder nicht mit Waffen, sondern mit Wunden zu sprechen; nicht zu dominieren, sondern zu bleiben, dem gewaltlosen Zeugnis Jesu folgend, der Leid ohne Vergeltung ertrug und Frieden an die Stelle der Gewalt bot.

Diese Art öffentlicher Lehre erklärt nicht voreilig; sie hört zu. Sie überwältigt nicht; sie begleitet. Sie erkennt an, dass Wahrheit nicht einfach behauptet, sondern geteilt, verkörpert und in der Gemeinschaft praktiziert werden muss. Lehre ist also nicht nur das, was die Kirche in Sicherheit für sich selbst verkündet; sie ist das, was sie solidarisch für das Leben der Welt erleidet.

Die Kirche, die Christi Namen trägt, muss diesem Muster folgen: den Glauben öffentlich nicht als Ideologie, sondern als sichtbare Liebe zu verkünden. Christus in dieser Zeit zu verkünden bedeutet, die Lehre mit Mut und Mitgefühl in der Öffentlichkeit zu verkörpern. Es bedeutet, mit Wort und Geste zu sagen: Gottes geliebtes Reich ist nahe, auch hier, auch jetzt.

Mit "Gottes geliebtem Reich" bezeichnen wir die weite, vom Geist geborene Wirklichkeit, die aus der Asche von Exil und Tod aufersteht – ein göttlicher Haushalt der Gerechtigkeit und Freude. Dies ist Oikodome, Gottes großzügige Wohnstätte, das Makom der hebräischen Vorstellungswelt und die Verheißung Christi: nicht nur ein physischer Raum, sondern eine Offenbarung von Gottes eigener, umfassender, verletzlicher Liebe. Die Kirche als lebendiger Leib Christi ist Verheißung und Gegenwart dieses Reiches zugleich, in dem jeder Fremde ein Verwandter ist, jede Wunde zum Zeugnis wird und die gesamte Schöpfung in Gottes Haushalt aufgenommen, erneuert, versöhnt und auferweckt wird.

Das Kreuz auf dem Marktplatz: Leiden und Solidarität

Verkörperte Lehre ist nie abstrakt. Sie geht den Weg des Kreuzes. Auf dem Marktplatz der Macht, des Spektakels und des Eigeninteresses muss das christliche Zeugnis die Zeichen des Gekreuzigten tragen. Wenn Lehre in der Öffentlichkeit Bedeutung haben soll, muss sie kreuzförmig sein: geprägt von leidender Liebe, geprägt von Verletzlichkeit und getrieben von Barmherzigkeit.

Der Marktplatz war in der Antike nicht nur ein Zentrum des Handels; er war auch Schauplatz öffentlicher Debatten, politischer Spektakel und imperialer Kontrolle.

Hier wurde Jesus vorgeführt, verspottet und verurteilt. Der öffentliche Platz war schon immer ein Ort der Sichtbarkeit und des Urteils. Wer dort seine Lehre verkündete, riskierte Bloßstellung, Missverständnisse und manchmal Ablehnung. Doch er ist auch der Ort, an dem Gott bereits zuvor war.

Die Mystiker sprechen von dieser Bewegung nach unten, in die Verborgenheit, den Verlust und die göttliche Solidarität. Der im Heiligtum gebrochene und geteilte Leib Christi muss zum Leib Christi führen, der in die Welt getragen und gebrochen wird, eine *eucharistische Missio*, die die Kirche beauftragt, zu werden, was sie empfängt, und zu wagen, was sie verkündet. Die durch das Abendmahl geformte Lehre bereitet die Kirche auf ihre Ausgießung vor. Es geht nicht nur darum, was in der Kommunion gesagt, sondern was in der Gemeinschaft gewagt wird.

Das Kreuz auf dem Marktplatz ist nicht nur eine Konfrontation mit den Mächten der Welt, sondern auch ein Auftrag, beseelt von der mystischen Theologie, die prophetisches öffentliches Handeln antreibt. Es bietet ein Muster heiligen Mutes. Die Stimmen der Mystiker erinnern uns daran, dass die von kontemplativer Tiefe geprägte Lehre zur prophetischen Verkörperung wird – zur Wahrheit, die in Liebe zur Welt wandelt, weint und verletzt. Sie bindet die Mächte der Welt ein und beauftragt uns zum Werk des Friedens, der Gerechtigkeit und der Barmherzigkeit. Wenn die Lehre von leidender Liebe geprägt ist, wird sie zu einer öffentlichen Grammatik der Heilung. Der Leib Christi, gebrochen und hingegeben, ist kein bloßes Symbol, sondern das Muster einer Kirche, die bereit ist, für das Leben der Welt gebrochen zu werden. Darin findet die öffentliche Theologie ihre Kraft: nicht im institutionellen Erhalt, sondern im kreuzförmigen Zeugnis, geprägt von der eucharistischen Grammatik selbstloser Liebe und öffentlicher Hoffnung. Auf dem Weg zum Seufzen und zur Herrlichkeit der Schöpfung tragen wir eine Lehre voran, die es wagt, in Liebe zu weinen, zu wandeln und zu wirken. Der Marktplatz wird zum Treffpunkt der Gnade. Die Straße wird zum heiligen Boden, der uns auf die Stimme der Schöpfung vorbereitet, die mit der Hoffnung auf eine neue Geburt ruft.

Schöpfung als Katechese: Ökologische Jüngerschaft
Spirituelle Praxis: Erdgebundene Jüngerschaft

Gehen Sie einmal pro Woche ohne Plan nach draußen. Lassen Sie Ihr Telefon liegen. Lassen Sie Ihre Bücher liegen. Lauschen Sie eine Stunde lang der Liturgie der Welt: dem Lied des Windes, der Hymne der Blätter, der stillen Predigt von Stein und Himmel. Atmen Sie die Luft als Segen. Berühren Sie den Boden als heilig. Lassen Sie die Lehre nicht nur in Glaubensbekenntnissen, sondern in der Symphonie der Schöpfung hörbar werden. Kehren Sie dann verändert in Ihr Leben zurück, nicht über der Welt, sondern in ihr. Nicht losgelöst von der Schöpfung, sondern als Teil ihres Lobes.

Theologische Betrachtung: Die Schöpfung, das erste Sakrament

Die Schöpfung ist nicht nur unser Zuhause; sie ist unser erster Katechismus, der heilige Boden, auf dem wir lieben, vertrauen und schauen lernen. Bevor es Glaubensbekenntnisse gab, gab es Flüsse. Bevor es Lehren gab, gab es Sterne. Die Erde ist nicht nur unser Lebensraum, sie ist das erste Sakrament Gottes, der Ort, an dem Gottes Gegenwart durch Blätter und Licht, Erde und Himmel pulsiert. Lehre wird lebendig, wenn sie in diesem heiligen Boden verwurzelt ist.

Der heilige Bonaventura beschreibt die Schöpfung als Spiegel und Fußabdruck (*vestigium*) der Dreifaltigkeit. Jedes Geschöpf, so lehrte er, spiegelt die göttliche Schönheit wider und offenbart einen Weg zum Herzen Gottes. Diese sakramentale Kosmologie lädt zu einer partizipativen und kontemplativen Erkenntnis ein – einem Aufstieg, der im Staunen beginnt und zur Einheit führt. Die Welt ist also keine Ablenkung von der Theologie, sondern ihr eigentlicher Grund und ihre Einladung.

Julian von Norwich dachte einst über eine einfache Haselnuss nach, ein Bild, das, in Verbindung mit der eucharistischen Vorstellungswelt, offenbart, wie selbst das kleinste Geschöpf an der Fülle göttlicher Liebe und Fürsorge teilhat, die ihr in einer Vision gezeigt wurde. Als sie die Haselnuss in der Hand hält, hört sie Gott sagen: "Sie währt und wird ewig bestehen, denn Gott liebt sie." Der gesamte

Kosmos ist in Gottes inniger, erhaltender Gnade geborgen. Nichts ist zu klein, um heilig zu sein. Die Schöpfung selbst ist eine in Grün und Gold geflüsterte Lehre.

Die Schöpfung ist kein statischer Text, sondern ein lebendiger Lehrer, der die Weisheit, Macht und Güte des Schöpfers widerspiegelt und wie die Lehre mit einer dynamischen Grammatik spricht, die sich immer weiter in eine tiefere Gemeinschaft mit dem Göttlichen entfaltet. Der Kosmos ist nicht abgeschlossen oder vollendet, sondern in ständiger Bewegung, einer Epektasis oder eines unendlichen Aufstiegs, die die gesamte Schöpfung immer tiefer in Gottes unerschöpfliche Schönheit hineinzieht. Diese Vision der Schöpfung als Schule der Liebe und des Mysteriums legt nahe, dass auch die Lehre dynamisch und offen bleiben muss, geformt durch kontemplative Unterscheidung und ökologische Begegnung in der Welt, die Gott so liebevoll erhält. Diese Vision anzunehmen bedeutet zu erkennen, dass die getreue Lehre nicht in der Zeit eingefroren ist, sondern sich mit dem Atem des Geistes durch die lebendige Welt bewegt und die Kirche zu einer immer tieferen Teilhabe am göttlichen Leben führt.

Psalm 19 verkündet: "Die Himmel erzählen die Herrlichkeit Gottes, die Feste verkündigt seiner Hände Werk." Römer 8 berichtet, dass die Schöpfung in Wehen liegt und auf die Offenbarung der Kinder Gottes wartet. Dies sind keine Metaphern, sondern Erinnerungen daran, dass die Natur sowohl sakramental als auch eschatologisch ist – Zeichen, die göttliche Gegenwart und zukünftige Erfüllung offenbaren. Die Kirche kann nicht ihren Glauben an den Schöpfer bekennen und gleichzeitig die Schreie der Schöpfung ignorieren. Dies würde die sakramentale Ethik von der ökologischen Treue trennen, denn das im Gottesdienst bereits etablierte eucharistische Muster verpflichtet uns, das Leiden und die Erlösung der gesamten Schöpfung als integralen Bestandteil des treuen Zeugnisses der Kirche zu betrachten.

Ökologische Jüngerschaft ist keine politische Präferenz, sondern eine spirituelle Haltung. Sie bedeutet, jetzt so zu leben, als würde die neue Schöpfung bereits anbrechen, denn das tut sie. Sie bedeutet, die Schöpfungslehre nicht als ferne Ursprungslehre zu betrachten, sondern als eine aktive Grammatik der Liebe, die in das Gewebe von Wäldern, Gezeiten, Wolken und Lebewesen eingeschrieben ist. Sie bedeutet, die Welt nicht als Hintergrundgeräusch, sondern als göttliches Zeugnis zu hören.

Unseren Platz in der Schöpfung zurückzufordern bedeutet nicht, sich über sie zu erheben, sondern in ihr zu knien. Die Schöpfung ist keine Bühne der Erlösung; sie ist Teil von Gottes Geschichte. Wenn wir das Land segnen, das Wasser schützen und dem Wind lauschen, verwalten wir nicht nur Ressourcen, sondern beteiligen uns auch an Gottes Erneuerung aller Dinge. Diese Verantwortung ist nicht nebensächlich zur Erlösung; sie ist an Gottes und unsere Zukunft gebunden.

bekräftigen wir unsere Hoffnung: dass derselbe Geist, der in der Genesis über den Wassern schwebte, einer stöhnenden Welt noch immer neues Leben einhaucht. Auf diese Weise weist die Schöpfung nicht nur auf Gott hin, sondern versetzt uns in Gottes sich entfaltendes Lied und Leben. Die Schöpfung ist Gottes Art, Gott zu sein – ein Ausdruck, der in der theologischen Vision Bonaventuras widerhallt, der die gesamte Schöpfung als *vestigium Dei* *betrachtete,* und in Julian von Norwich, der sah, dass göttliche Liebe sogar eine Haselnuss am Leben erhält. Schöpfung und Schöpfer sind unauflöslich miteinander verbunden, nicht aus Notwendigkeit, sondern durch die gnädige Fülle unendlicher, verletzlicher Liebe.

Bäume und Gezeiten, Sterne und Erde sind Teil einer lebendigen Liturgie, die sowohl die Güte des Anfangs als auch die Nähe einer erlösten Zukunft verkündet. Die treue Lehre, die Grammatik der Liebe und Freude des Schöpfers über die Güte der Schöpfung, verwurzelt in diesem heiligen Boden, wird zu einer Form eschatologischen Zeugnisses, das an Römer 8 und die fortwährende Schöpfung des Geistes erinnert, und wird in diesem heiligen Boden zu einem lebendigen Zeugnis der Hoffnung, dass die Schöpfung selbst in Liebe verklärt wird.

Verkörperte Doktrin in allen Kulturen

Die Lehre wird uns nicht in einer einzigen Sprache, Melodie oder Haut präsentiert, sondern entspringt der großzügigen Gastfreundschaft von Pfingsten, einer Offenbarung der relationalen Fülle der Dreifaltigkeit, die Unterschiede akzeptiert, ohne die Gemeinschaft aufzulösen. Kulturelle Vielfalt spiegelt in diesem Sinne die Polyphonie der Schöpfung wider und spiegelt die vielfältige Schönheit der von Gott geschaffenen und geliebten Welt wider. Sie entspringt Pfingsten, einem Wunder vieler Sprachen, vieler Ohren, vieler Herzen. Die Kirche ist katholisch, nicht weil sie einheitlich ist, sondern weil sie raumgreifend und weit genug ist, um die vielfältigen Formen des Glaubens in der Welt zu akzeptieren und sich davon bereichern zu lassen.

Pfingsten, wie es in Apostelgeschichte 2 beschrieben wird, ist nicht nur der Ursprung der christlichen Verkündigung, sondern auch die göttliche Bestätigung kultureller Besonderheiten. Der Geist spricht in den Muttersprachen aller Versammelten. Die Lehre ist von ihrem ersten Atemzug an mehrsprachig, polyphon und inkarniert. Was nicht angenommen wird, wird nicht geheilt. Dies unterstreicht, dass das Erlösungswerk des Geistes vollständig in die skandalöse Besonderheit der Kultur eindringt und von innen heraus heilt. Das Wort wird zu jeder Zeit und an jedem Ort neu Fleisch und unterstreicht, dass gesunde Lehre, die treue Grammatik der Liebe, nicht monolithisch ist, sondern ständig verkörpert und kontextualisiert werden muss. Diese frühen theologischen Erkenntnisse zeigen, dass Glaubenstreue kulturelle Verkörperung erfordert; sie verbinden göttliche Offenbarung mit dem dynamischen, lebendigen Gefüge menschlicher Vielfalt. Die Lehre verlangt keine Gleichheit; sie feiert Gemeinschaft in der Verschiedenheit. Was wäre die vereinende Liebe Gottes ohne Verschiedenheit?

Jeder Aspekt der Schöpfung, jedes Gesicht, jede Kultur, jede Sprache, jedes Teilchen offenbart eine verborgene Facette Gottes. Wir sind nicht nur Nachbarn; wir sind mit allem, was existiert, verwandt, vom Sternenstaub bis zur Erde, vom Atem bis zum Zweig. Unsere Zugehörigkeit übersteigt Arten, Elemente und Epochen, eine Gemeinschaft nicht nur der Menschheit, sondern all dessen, was am Tanz der Schöpfung teilhat.

Die Lehre muss weit genug sein, um dieser radikalen Verwandtschaft Raum zu geben, eine Grammatik der Gnade, die groß genug ist, um in jedem Quark der Realität widerzuhallen und den Kosmos zu einem einzigen, heiligen Chor der Zugehörigkeit zu verbinden.

José Míguez Bonino spricht aus dem Herzen der lateinamerikanischen Befreiungstheologie und wiederholt das prophetische Zeugnis von Amos und Jesaja, indem er erklärt: "Theologie in Lateinamerika beginnt mit dem Schrei der Armen." Die Lehre muss sich daher nicht dem Imperium oder der Abstraktion, sondern den gelebten Erfahrungen der Leidenden verantworten. Unter den Unterdrückten klingt das Evangelium anders, und eine treue Lehre wird ihrem Schrei Gehör schenken.

John Dominic Crossan fordert uns in " *Gebt dem Kaiser, was des Kaisers* ist" dazu auf, die Heilige Schrift nicht durch die Brille des Kaisers, sondern mit den Augen des Gekreuzigten zu lesen. In seiner Lesart ist Jesu Aussage "Gebt dem Kaiser, was des Kaisers ist" kein Aufruf zur passiven Staatsbürgerschaft, sondern eine prophetische Kritik an der gewalttätigen Maschinerie des Imperiums. Die Lehre muss kulturübergreifend ehrlich über ihre historische Verwicklung sein und mutig in ihrer befreienden Neuinterpretation. Andernfalls fungiert die Lehre als Gesetz, das zu Jesu Tod führte, sie behindert Gottes Gerechtigkeit und verfehlt den Glauben, der mit der Grammatik der Liebe Gottes spricht.

In einer multikulturellen Welt die Lehre zu verkörpern, bedeutet, Kontrolle abzugeben und Gemeinschaft zu leben. Keine Kultur erschöpfe die Wahrheit des Evangeliums, doch jede trägt einen Teil seiner Fülle in sich. Dies ist die Pfingstlehre, gesprochen in vielen Sprachen, getragen von Wind und Feuer, feuergestaltet und vom Geist erfüllt. Sie verkündet, dass Gottes Wahrheit in jeder Stimme widerhallt, die bereit ist, Gnade in die Welt zu singen. Es ist die Kirche, die neu lernt, was es bedeutet, eins, heilig, katholisch und apostolisch zu sein – nicht in Gleichheit, sondern im überwältigenden Mosaik der Liebe.

Verkörperte Lehre über Kulturen hinweg bedeutet anzuerkennen, dass Theologie an verschiedenen Orten unterschiedliche Gewänder trägt. Sie tanzt nach unterschiedlichen Rhythmen, ernährt sich von unterschiedlichen Ernten, trauert in unterschiedlichen Ritualen und singt in unterschiedlichen Tonarten. Das ist kein Relativismus; es ist ehrfürchtige Pluralität, eine Haltung, die kulturelle Vielfalt würdigt und gleichzeitig die theologische Integrität des Evangeliums aufrechterhält. Es ist die Überzeugung, dass der Geist nicht klont, sondern erschafft. Lehre ist also kein statisches Ideengefüge, das der Welt aufgezwungen wird, sondern eine lebendige Tradition, die durch globale Zeugnisse der Gnade verwoben ist.

In dieser Zeit der Lehre treu zu bleiben, bedeutet, eine Kirche des Zuhörens zu sein – eine Kirche, die lernt, indem sie lehrt, empfängt, indem sie gibt, und in fremden Sprachen weint. Die Grammatik der Liebe Gottes muss mit vielen Akzenten gesprochen werden, im Vorgriff auf die Einheit in der Verschiedenheit der Neuen Schöpfung, eine pfingstlerische Vision, in der Vielfalt nicht ausgelöscht, sondern im gemeinsamen Lobpreis erfüllt wird, geprägt von vielen Geschichten und gesungen in vielen Tönen. Dies ist der Klang von Pfingsten, der noch immer durch die Welt hallt. Dies ist die wilde Musik der göttlichen Gemeinschaft.

Auf dem Weg zu einer Theologie der verkörperten Resilienz

In einer Zeit der Erschöpfung, Angst und Zersplitterung ist die Kirche nicht nur aufgerufen, Hoffnung zu verkörpern, sondern sie auch zu bewahren. Die Lehre in der Wildnis muss mehr sein als bloße Erklärungen; sie muss widerstandsfähig sein. Sie muss die Seele in trockenen Zeiten nähren, Gerechtigkeit in feindlichen Gegenden bewahren und Gemeinschaften zusammenhalten, wenn das kirchliche Leben zerbricht und gesellschaftliche Bindungen zerbrechen, wenn der Mittelpunkt nicht mehr hält.

Körperliche Resilienz ist nicht die Weigerung, Müdigkeit zu empfinden. Es ist die Gnade, wieder aufzustehen, wenn das Lied verstummt und das Licht schwächer wird, gestärkt durch den Geist, der uns den Atem gibt, unsere Kraft wiederherstellt und uns in den Schatten begleitet. Sie wurzelt nicht in menschlicher Entschlossenheit, sondern in göttlicher Treue. Sie schöpft ihren Atem aus dem Geist, der in uns stöhnt, und ihre Kraft aus dem Einen, der das Kreuz trug und mit Narben auferstand.

Diese Art der Widerstandsfähigkeit singt Klage und Halleluja im selben Atemzug. Sie lehrt die Kirche, mit den Langsamen zu gehen, mit den Müden zu ruhen, mit den Trauernden zu trauern und mit heiliger Trotzhaltung gegen jede Form des Todes vorzugehen.

In diesem Licht wird die Eucharistie zu unserem Lehrplan der Resilienz: ein Tisch, an dem Verletztheit nicht verborgen, sondern gesammelt wird; an dem der Gerechtigkeit nicht nur in Worten gedacht wird, sondern im Teilen von Brot und Kelch. Hier übt die Kirche die Grammatik des Überlebens, nicht als Rückzug aus der Welt, sondern als Vorbereitung auf die Rückkehr in sie mit dem Mut, der durch die Gemeinschaft geprägt ist.

Aus dieser eucharistischen Probe erwächst eine tiefere Fähigkeit zur doktrinellen Reife. Die in diesem Schmelztiegel der Liebe geformte Lehre wird nicht zu einem spröden Dogma, sondern zu flexibler Treue, geformt durch Gemeinschaft, geprüft durch Leiden und empfänglich für kulturelle Vielfalt. Sie verkörpert die sich entwickelnde Grammatik des Glaubens, die nicht durch Starrheit Bestand hat, sondern durch die Fähigkeit, in wechselnden und zerbrochenen Kontexten treu zu lieben, fähig, sich im Leid zu beugen, in Freude auszuharren und die Last der Zerbrochenheit der Welt zu tragen, ohne zu zerbrechen. Das ist kein doktrineller Minimalismus, sondern doktrinelle Reife. Es ist das, was geschieht, wenn Liebe im Unglück gelernt und durch Wunden hindurch gesprochen wird.

Resilient zu sein bedeutet nicht nur, durchzuhalten, sondern immer wieder zu lieben. Darauf zu vertrauen, dass das, was in Schwachheit gesät wird, in Herrlichkeit auferstehen wird. Den Namen Jesu nicht als Schlagwort auszusprechen, sondern als Atem, der in der Gemeinschaft der Heiligen, der Gemeinschaft der Leidenden und der Gesellschaft derer geteilt wird, die noch immer daran glauben, dass die Welt erneuert werden kann.

Dies ist die wilde Grammatik der Auferstehungshoffnung. Dies ist eine Lehre, die noch immer atmet, noch immer brennt und noch immer Fleisch wird.

Und so wenden wir uns nun von der Vision der Berufung zu. Nachdem wir den Weg des Geistes durch Wildnis und Wunden verfolgt haben, halten wir inne und fragen: Wie kann die Lehre inmitten der Brüche unserer Welt gelebt, verkörpert und praktiziert werden? Wie sieht diese Grammatik der Hoffnung aus, wenn wir sie in unserem Leben zum Ausdruck bringen? Was folgt, sind Einladungen zur Unterscheidung, zur Praxis und zum Lobpreis – Wege, die Lehre, die wir in den alltäglichen Liturgien der Liebe empfangen haben, zu verkörpern.

Praktizieren der Lehre in der Wildnis: Eine konnexionale Praxis der Liebe

Wo besteht bei unserer Lehre die größte Gefahr, zur Abstraktion zu werden?

Wie können wir unsere Tradition in öffentlicher Liebe und nicht nur in privater Frömmigkeit verkörpern?

Wer sind die "Fremden", die wir sehen, denen wir dienen und denen wir zur Seite stehen sollen?

Inwiefern können Valarie Kaurs Aufruf zur "Revolutionären Liebe" und John Wesleys "Methodistische Praxis der Verbindung" die Mission unserer Gemeinschaft in der Welt prägen?

Die Berufung der Kirche besteht nicht darin, Lehren in einem Tresor zu bewahren, sondern das zu verwirklichen, was John Wesley "praktische Göttlichkeit" nannte – ein vom Geist choreografiertes Zeugnis trinitarischer Gnade in Bewegung – und sie wie Brot zu tragen. Wie John Wesley es sich vorstellte, ist Verbindung keine statische Institution, sondern eine vom Geist choreografierte Bewegung relationaler Gnade, ein lebendiges Netzwerk gegenseitiger Hilfe, gemeinsamen Zeugnisses und treuen Risikos. In Wesleys Praxis der Verbindung erblicken wir eine hoffnungsvolle Ekklesiologie: eine Kirche, die nicht durch Macht, sondern durch Nähe geformt ist; nicht durch Konformität, sondern durch Nächstenliebe.

Hier atmet die Lehre, in den Nähten geteilter Lasten, in der Berührung heilender Hände, in den Füßen, die dem Leiden entgegengehen. Die treue Grammatik der Liebe Gottes wird, wenn sie durch gemeinsames Zeugnis geformt wird, zu einem verkörperten Lied über Generationen und Regionen hinweg. In dieser wilden Harmonie wird die Kirche zu einer Ikone der Zukunft Gottes.

Liturgische Reflexion: Ein Tisch der widerstandsfähigen Liebe
Aufruf und Antwort zur eucharistischen Resilienz

Leiter: Wenn wir schwanken, wenn wir Angst haben, wenn wir müde sind.
Volk: Ernähre uns wieder mit dem Brot der Ausdauer.
Leiter: Wenn die Liebe uns Trost kostet und die Gerechtigkeit uns zum Risiko auffordert.
Volk: Schenkt uns den Wein des Mutes ein.
Leiter: Wo die Welt verwundet ist und Kummer herrscht.
Volk: Verbinde uns als Leib Christi.
Leiter: Für jedes gebrochene Herz, für jede zitternde Hoffnung.
Leute: Bringt uns noch einmal die Grammatik der Gnade bei.
Alle: Lasst uns von diesem Tisch im Glauben geformt werden, damit wir in Liebe aufsteigen und mit wilder Widerstandsfähigkeit voranschreiten können.

Schlussgebet
Gott der gekreuzigten Herrlichkeit und der auferstandenen Gnade,
du hast uns nicht zum Schweigen, sondern zum Gesang berufen;
nicht zur Isolation, sondern zur Inkarnation; nicht zum
Überleben, sondern zur Liebe.
Verwurzele unsere Lehre nicht in der Verteidigung, sondern im
Wagemut.
Forme unsere Herzen nicht mit Antworten, sondern mit

Gemeinschaft. Brich uns, segne uns und sende uns als lebendige
Zeugen deiner überströmenden, wilden und verwundeten Liebe.
Im Namen dessen, der durch die Straßen ging, das Kreuz trug, das
Brot brach und noch immer in den Müden atmet.
Amen.

Wir erheben uns vom Tisch, nicht als inspirierte Individuen, sondern als gesandtes Volk. Was in der Kommunion gebetet wurde, leben wir nun in Gemeinschaft. Lehre, geprägt durch Anbetung, ist keine Theorie, sondern Zeugnis, Glaube, der in Liebe gelebt und der Welt geschenkt wird. Der folgende Schluss fasst dieses Zeugnis zusammen und trägt es weiter – nicht als Abschluss, sondern als den offenen Auftrag des Geistes, zur Lehre zu werden, die wir verkünden.

Fazit: Lehre leben, Herrlichkeit atmen

Lehre ist kein Besitz, den es zu verteidigen gilt. Sie ist ein Zeugnis, das es zu leben gilt. Sie bezeugt eine Grammatik der Liebe und atmenden Herrlichkeit, den gekreuzigten und auferstandenen Christus in jeder Tat der Liebe, jedem Atemzug des Protests und jeder Träne der Hoffnung. Lehre ist nicht das Subjekt; sie ist die Syntax und Grammatik des Glaubens. Die Kirche lebt nicht von der Lehre allein, sondern durch den Glauben, der diesen Code der Liebe in unsere Herzen schreibt. Der Glaube, beseelt von göttlicher Liebe, sucht stets nach der Sprache, den Praktiken und den Wegen, um diese Liebe zu verkörpern. Lehre ist kein System, das wir bewahren, sondern ein Code, den wir in die Tat umsetzen, eine gelebte Grammatik, die den Glauben an die heilige Gemeinschaft mit dem Schmerz der Welt und Gottes Versprechen verkörpert. Wie die Syntax in der Sprache ordnet die Lehre unser Zeugnis und ermöglicht einen kohärenten Ausdruck; sie ist nicht das Ziel, sondern die Struktur, durch die die Liebe in der Welt treu spricht und handelt.

Wer in dieser Welt die Lehre lebt, wird tiefer in das dreieinige Leben Gottes hineingezogen, in die verletzliche Liebe des Sohnes, die seufzende Kraft des Geistes und das großzügige Herz des Vaters. Es lebt von der Gegenwart des Geistes in Fleisch und Blut, Atem und Brot, Bruch und Feuer.

Am Tisch werden wir nicht nur genährt, sondern geformt. Wir werden einander gegeben, einander gesandt, gebrochen für das Leben der Welt. Die Lehre der Kirche, die in diesem Mahl verwurzelt ist, ist nie ein Glaubenssystem, sondern eine Choreographie der Gnade. Sie lehrt uns, wie man niederkniet, wie man einander trägt, wie man singt, selbst wenn die Luft knapp wird.

Dies ist die apokalyptische Berufung der Lehre in einer zersplitterten Welt: die verborgene Herrlichkeit zu enthüllen, die Wunden der Liebe zu tragen und der Verzweiflung mit dem Atem der Auferstehung zu widerstehen. Die Lehre wird zu dem, was sie immer sein sollte: die lebendige Erinnerung an die göttliche Liebe, die in Hoffnung weitergetragen wird.

Wenn die Lehre lebendig ist, wird sie aussehen wie Brot, das zwischen den Händen gereicht wird, Öl, das auf Wunden gegossen wird, Protestlieder auf den Straßen der Städte und Geschichten, die am heiligen Feuer erzählt werden. Sie wird aussehen wie Christus unter uns.

Immer wieder so klingen, als würde der Geist flüstern: "Siehe, ich mache alles neu."

Epilog
Eine warnende Geschichte

Wenn die Kirche vergisst, dass die Lehre aus dem Gebet entsteht und die Liebe Gottes zum Ausdruck bringen soll, läuft sie Gefahr, Gnadenmittel in Instrumente der Kontrolle zu verwandeln. Und wenn die Lehre von der Liebe getrennt wird, öffnet sie das Herz nicht mehr für Gott und verschließt die Tür für andere.

Die Grammatik der Liebe, die dem Universum folgt, ist die Weisheit Gottes. Die Weisheit des Geistes wird uns stets mit der Wahrheit leiten und führen, die die gläubige Lehre zu verkünden versucht: Gott ist Liebe, unendliche, verletzliche Liebe von Ewigkeit zu Ewigkeit. Wenn wir mit der Erkenntnis erwachen, mit der unendlichen, verletzlichen Liebe Gottes erkannt und geliebt zu sein, erwacht die Weisheit des Schöpfers in uns, und wir werden von freudiger Dankbarkeit, Gnade und tiefer Demut erfüllt. Diese Art, Liebe in der Welt zu erfahren, ist zu wunderbar, um in den Behälter kirchlicher Gewissheit zu passen. Gewissheit ist Götzendienst. Sie ist der Nährboden für einen engen, defensiven Dogmatismus, der Kontrolle und Ausgrenzung mit Glauben verwechselt. Wenn die Kirche die Lehre als Grammatik der Gewissheit betrachtet, beginnt sie, Lehren der Gewissheit – wie die Lehre von der Hölle und die Lehre von der Erbsünde – als Waffen einzusetzen, um mit den Götzen der Gewissheit zu kontrollieren und auszuschließen.

Wir haben das schon einmal erlebt.

Im Jahr 1493 verkündete die päpstliche Bulle der Entdeckungsdoktrin, dass jedes nicht von Christen bewohnte Land von christlichen Mächten beansprucht werden könne. Unter dem Banner Christi erlassen, verkündete sie, dass "der katholische Glaube und die christliche Religion erhöht und überall vermehrt und verbreitet werden, dass für das Wohl der Seelen gesorgt und barbarische Nationen gestürzt und zum Glauben selbst gebracht werden sollen". Diese schwere Doktrin lieferte eine theologische Rechtfertigung für die

Beherrschung der indigenen Völker und wurde später zu einer der grundlegenden Begründungen für den transatlantischen Sklavenhandel. Was als getaufte Behauptung theologischer Wahrheit begann, wurde zu einem Mechanismus für Kolonialismus, Eroberung und Auslöschung. Wenn die Doktrin losgelöst von der Liebe ist, wird sie nicht zu einem Kanal der Gnade, sondern zu einer Quelle schwerer Ungerechtigkeit – nicht nur gegenüber den Menschen, sondern gegenüber der gesamten Schöpfung.

Wenn die Kirche die Erinnerung daran verliert, wie ihr Glaube im Gebet, in Tränen, in Sehnsucht und im Gesang geschmiedet wurde, beginnt sie, die Lehre nicht als Zeugnis, sondern als Waffe zu bewahren, die gegen alles Geschaffene eingesetzt wird. Sie vergisst, dass ihre wahrsten Lehren zunächst in Ehrfurcht und Liebe geflüstert und nicht in Ausgrenzung und Kontrolle herausgeschrien wurden.

Deshalb lehrte der heilige Franz von Assisi, dass die Erde, die Bäume, die Tiere und die Sterne die Sprache des Lobes ohne Worte sprechen. Lange bevor die Kirche ihre Lehren kodifizierte, die Heilige Schrift kanonisierte und die Glaubensbekenntnisse verfasste, sang die Schöpfung bereits, die gesamte Schöpfung kannte die Grammatik der Liebe. Vergisst die Kirche dies, vergisst sie ihren Platz im Chor der Schöpfung.

Ohne die gesamte Schöpfung haben wir keinen Zugang zu Gott, denn die Schöpfung selbst ist das Medium, durch das sich das Göttliche offenbart. Ohne das Zeugnis der Schöpfung verlieren wir nicht nur die Fähigkeit, Gott zu sehen, sondern auch die Fähigkeit, ganz Mensch zu sein. Die Schöpfung ist mit der Grammatik der Liebe verwurzelt. Das Wort, das die Schöpfung durch den Atem Gottes ins Leben rief, ist die Weisheit des Schöpfers (Sprüche 8), die eine Welt erschafft, erfüllt von der Weisheit der Seienden, des Geistes, der die Energie der Liebe Gottes in und über alle Werke des Schöpfers gießt.

Diese Zukunft ist nicht einfach die Hoffnung der Schöpfung, sie ist Gottes eigene. Gottes Zukunft ist mit der Erneuerung der Schöpfung verbunden, und das Gedeihen der Schöpfung ist die Freude an Gottes Erfüllung.

Und wie Simone Weil lehrt, beginnt wahres Wissen mit Aufmerksamkeit. "Aufmerksamkeit ist die seltenste und reinste Form der Großzügigkeit", schrieb sie in " *Warten auf Gott*". Wenn wir aufhören, aufmerksam zu sein – gegenüber Gott, unserem Nächsten, den Armen, der verletzten Schöpfung –, beginnen wir, falsch zu sprechen, insbesondere wenn wir unsere Glaubensbekenntnisse so verwenden, als wären sie für immer festgelegt. Wir vergessen, dass die Glaubensbekenntnisse nie dazu gedacht waren, den Geist zu verschließen, sondern das Herz zu öffnen – ein Herz, das auf eine Liebe eingestimmt ist, die sich immer weiter entfaltet und uns immer tiefer in das Geheimnis Gottes führt.

Ohne Aufmerksamkeit wird eine Lehre zu einer Sprache des Glaubens ohne Mitgefühl. Doch es gibt einen anderen Weg, und dieses Buch ist eine Reise dorthin. Lehre, die durch den Heiligen Geist ins Leben gerufen, im Gebet geformt, im Feuer der Liebe geprüft und in der Hoffnung geöffnet wird, wird sich immer dem Leben zuwenden. Wir müssen die Lehre nicht ablehnen. Wir müssen uns daran erinnern, wie man sie betet. Wir müssen wieder lernen, zuzuhören und in der Sprache der Liebe zu sprechen.

Alle Lehre muss sich daher auf diese Zukunft ausrichten: eine lebendige Hoffnung, die bereits in der Gegenwart weht. Der Geist ist nicht nur die Quelle des Lebens, sondern auch derjenige, der die gesamte Schöpfung in die vergöttlichende Liebe Gottes hineinzieht. Die Schöpfung selbst ist zur Gemeinschaft eingeladen, nicht als Kulisse, sondern als Teilnehmerin.

Wenn die Kirche diese zukunftsorientierte Hoffnung vergisst, erkalten ihre Lehren. Doch wenn sie sich daran erinnert, werden ihre Lehren zu Liedern der neuen Schöpfung, zu Sakramenten der Verwandlung, zu Echos der kommenden Freude, die in Christus bereits da ist.

Ein abschließender Segen und ein Versprechen

Für alle, die diesen Weg durch Glauben und Lehre gegangen sind, sei dieses Werk ein Wort des Segens:

Möge Ihr Glaube stets im Gebet verwurzelt sein, durch Liebe erweckt werden und sich so weit, tief und hoch erstrecken wie die unendliche, verletzliche Liebe Gottes, die von Ewigkeit zu Ewigkeit währt.

Mögen Sie aufmerksam auf das Stöhnen des Geistes in der gesamten Schöpfung hören; denn in den tiefsten Seufzern des Geistes, die zu tief für Worte sind, werden Sie von "Tiefe ruft zu Tiefe" die Einladung hören, dorthin zu gehen, wo Heilung, Hoffnung und Frieden am meisten gebraucht werden.

Hören Sie auf den Geist, der Ihnen den Schöpfer näherbringt. Und denken Sie daran, dass selbst die Heilige Schrift die Fülle der unendlichen, verletzlichen Liebe Gottes nicht fassen kann. Dennoch bleibt sie ein Gnadenmittel, ein Geschenk des Geistes, das uns hilft, über die Jahrhunderte hinweg zuzuhören und uns daran zu erinnern, wer wir sind und wem wir gehören, wenn wir von Gott kommen und zu ihm zurückkehren.

Lausche der Schöpfung. Dies ist der Ort, an dem der Schöpfer wohnt, und dies ist der Ort, an dem du und die ganze Schöpfung an der Herrlichkeit und Liebe des Schöpfers teilhaben. Und dies ist der Ort, an dem du mit Freude die Erfüllung der Hoffnung und des Wunsches des Schöpfers und die Sehnsucht der gesamten Schöpfung erleben wirst, in ewiger Freude im Hause Gottes zu tanzen.

Hören Sie den Heiligen und Fremden um Sie herum zu. Schenken Sie allen Dingen der Schöpfung die Freude der Gastfreundschaft und seien Sie bereit, von der Freude überrascht zu werden, so wie der Schöpfer von ekstatischer Freude überwältigt wurde, als das Wort zum ersten Mal die Welt ins Leben rief.

Und möge all unsere treue Arbeit, zu lernen, wie man die Worte der Liebe ausspricht, selbst Gott erneut überraschen, wenn die gesamte Schöpfung nach Hause zurückkehrt, nicht mit denselben geliehenen Worten vergangener Generationen, sondern mit neuen, erfüllt von der Art von Doxologie und Liebe, die die Schöpfung ins Leben gerufen hat.

Mögen Ihre Lehren niemals zu Steinen der Ausgrenzung erstarren, sondern als lebendige Zeugnisse bestehen bleiben, aufgebrochen durch Ehrfurcht, erwärmt durch Mitgefühl und verwandelt durch Hoffnung.

Lass deine treue Erinnerung zart sein. Lass deine Vision weit und sanft sein. Und möge dein Vertrauen furchtlos sein, damit deine Liebe so unendlich und verletzlich wird wie der Eine, der von Natur aus unendlich verletzliche Liebe ist.

Denn der Eine, der die Liebe ist, wird euch nicht trostlos und ohne Führer zurücklassen. Der Eine, der es versprochen hat, ist treu und wird dafür sorgen, dass wir unser Ende erreichen, wo wir beginnen können, so treu zu sprechen wie der Eine, der die Liebe ist.

"Der Geist lässt uns den Weg der Vorsehung nicht verfehlen", erklärt Charles Wesley. Und wie Elizabeth Johnson uns lehrte: "Sie, die ist, der Geist, der Herr und Geber des Lebens, ist es, die dem Schöpfer ermöglicht, das Wort durch den Atem Gottes zu sprechen und die Weisheit des Schöpfers in jeden Winkel der Schöpfung zu tragen." Ja, dieser Geist, der die gesamte Schöpfung auf dem Weg, der Wahrheit und dem Leben des Wortes führt und leitet, das die Schöpfung ins Leben rief, ist dasselbe gute Wort, das Fleisch wurde und weiterhin die gesamte Schöpfung in seinem Leib zusammenhält. Sie, die ist, die Weisheit der Schöpfung (Sprüche 8), ist stets treu dabei, "gute Unruhe zu stiften" (John Lewis), bis wir die Weisheit der unendlichen, verletzlichen Liebe des Schöpfers von Ewigkeit zu Ewigkeit erkennen: "Wenn wir in erneuerter Liebe auferstehen, werden wir in alle Ewigkeit dem Bild des dreieinigen Gottes gleichen" (Charles Wesley).

Das Versprechen desjenigen, der sein Versprechen hält, lautet: Gott wird alles in allem sein, und die unendliche, verletzliche Liebe, die Gott ist, wird das letzte Wort zu unserer treuen Grammatik der Liebe haben.

Und so, wie wir dieses Buch mit einem Gebet begonnen haben, wollen wir es auch mit einem Gebet neben dem alten christlichen Gebet beenden:

Komm, Heiliger Geist, und entzünde in uns das Feuer deiner Liebe.

Herr, wir vertrauen auf dich! Heile unseren Unglauben, der uns an all diesen götzendienerischen Überzeugungen der Gewissheit festhält.

Nehmen Sie unsere Gedanken und denken Sie darüber nach.

Erwecke und erneuere unseren Geist mit dem Geist Christi, damit wir dir den Glauben und die Treue unseres Herrn anvertrauen können.

Nimm unsere Lippen und sprich durch sie.

Gib uns den Glauben, der mit der Weisheit der gesamten Schöpfung die Grammatik der Liebe spricht.

Nimm jetzt unsere Seelen und stecke sie in Brand.

Erfülle uns mit der Energie Deiner unendlichen, verletzlichen Liebe, die von Ewigkeit zu Ewigkeit währt.

Amen.

Gott sei Dank.

Soli Deo gloria!

Nachspiel
Keinen Schaden anrichten

Dieses Buch entstand im Zuge meiner Entlassung wenige Jahre nach meinem Ausscheiden aus der Kirche, der ich vierzig Jahre lang ordiniert war. Ich möchte hier nicht die Konfession nennen. Das würde vom Geist dieses Buches ablenken, das nicht verletzen, sondern Zeugnis ablegen will, eine Grammatik der Liebe bietet, die Wahrheit in Barmherzigkeit und Barmherzigkeit mit Klarheit ausspricht. Mein Ziel ist es, keinen Schaden anzurichten. Aber Liebe bedeutet nicht Schweigen. Lieben heißt, wahrhaftig zu sprechen, im Glauben, mit der Stimme, die Gott dir gegeben hat.

Vier Jahrzehnte lang lehrte ich den Glauben und die Treue zu Christus und verkündete das Evangelium als Frohe Botschaft für die ganze Schöpfung. Ich widmete mein Leben der Pflege der Lehre als lebendiges Zeugnis von Gottes sich entfaltender Zukunft, der Lehre als vom Geist geformte Sprache der Gnade, nicht als Waffe der Kontrolle. Ich lehrte an vier Bildungseinrichtungen meiner noch jungen Kirchentradition, die noch in den Kinderschuhen steckte und gerade ihr zweites Jahrhundert begann, in dem sie versuchte herauszufinden, was es bedeutet, katholische Kirche zu sein und wie man Glauben, Lehre und unendliche, verletzliche Liebe treu lenkt. Ich versuchte zu zeigen, dass die Lehre nicht zu allen Zeiten und an allen Orten starr oder universell gleich ist. Die Lehre ist ein Lied des Geistes, das aus der Energie von Gottes unendlicher, verletzlicher Liebe erwächst, einer Liebe, die durch die Geschichte und in jedem Quark der Realität stöhnt und seufzt und uns immer zur Neuen Schöpfung hinzieht.

Schließlich stieß diese Vision, die so lange gehegt und so klar in der katholischen Kirche verankert war, auf Ablehnung. Und so wurde mir die Priesterweihe abgenommen. Doch selbst in dieser Trauer erhebe ich meine Stimme nicht im Zorn. Dieses Buch ist nicht meine

Verteidigung. Die beste Verteidigung ist, auf die unendliche, verletzliche Liebe Gottes zu vertrauen. Es ist ein Werk der Liebe, ein Opfer, ein Zeugnis, ein Samenkorn, gesät für die, die kommen werden.

Und sie kommen. Vierzig Jahre lang stand und saß ich vor den Gesichtern Tausender von Studenten, frischen Stimmen aus Gottes Zukunft. Sie kamen mit Fragen, Staunen, Widerstand, Sehnsucht. In ihnen sah ich den Gott unserer Zukunft kommen. Als ich in ihre Augen blickte, sah ich Versprechen und Ernüchterung. Oft lag die Ernüchterung in der Dissonanz zwischen dem, was sie in der Welt, in ihren kirchlichen Traditionen sahen, und dem, was sie von der Zukunft erahnten, aus der sie kamen. Als Versprechen Gottes sah ich den Glauben Christi, der neues Fleisch annahm, eine Grammatik der Liebe, die neu geformt wurde. Sie sprachen eine Sprache der Liebe direkt aus der Zukunft. Durch sie kam ständig neue Schöpfung. Was ich in ihnen gesehen habe, kann ich nicht vergessen; was ich gehört habe, kann ich nicht vergessen.

Schenken Sie ihnen also Aufmerksamkeit. Hören Sie auf den Geist, der durch ihr Leben strömt. Sie werden Ihnen den Atem rauben und Ihnen Ihre Zukunft zurückgeben.

Ein Wort an meine Schüler
Sprechen in der Grammatik der Liebe

An meine Studierenden, die sich durch die Lehren der Kirche verwirrt, desorientiert oder gar entfremdet fühlen: Ich möchte noch einmal sagen, was ich euch immer gesagt habe: Achtet auf die unendliche, verletzliche Liebe Gottes, die in euch lebt. Der Geist, der in euch pulsiert und atmet, ist der Atem Gottes. Atmet tief durch und sprecht aus diesem Ort. Sprecht die Grammatik der Liebe aus, die bereits in euch lebendig ist und darauf wartet, erzählt zu werden. Erzählt eure Geschichte, nicht nur eine andere Version der Geschichte eines anderen. Lasst euch von keiner kirchlichen Institution eure Stimme rauben; sie brauchen eure Sichtweise genauso sehr, wie ihr die Verbindung zu ihnen braucht.

Denken Sie daran: Die Weisheit, die das Universum erfüllt, ist das Wort, der *Logos,* der Fleisch wurde und unter uns wohnte, voller Gnade und Wahrheit. Erstaunlicherweise ist dieses Wort keine Idee, kein Konzept und keine Kategorie. Die unendliche, verletzliche Liebe Gottes ist immer größer als jede Vorstellung unserer Vorstellung. Dieses lebendige, atmende, schöpferische Wort ist eine Person. Und der einzige Weg, die Wahrheit des Wortes zu erkennen, ist die Begegnung mit der unendlichen, verletzlichen Liebe Gottes.

Wie John Milbank sagte: Wenn Sie das Wort "fremd gemacht" hören, müssen Sie mit Ihrem eigenen Wort antworten, sonst haben Sie es noch gar nicht gehört.

Lisa Isherwood bestätigt diese Einsicht: Wir müssen lernen, die Heilige Schrift zu "queeren". Queeren bedeutet, das Fremde, Originelle und Beunruhigende in Liebe wahrzunehmen und dann mit unserer eigenen queeren Stimme für den Rest der Welt zu sprechen. Da jeder von uns ein ursprüngliches, unwiederholbares Abbild der Dreifaltigkeit ist, individuell und doch in relationaler Einheit geformt, muss unsere Sprache ebenso einzigartig sein wie die Stimme von Vater, Sohn und Heiligem Geist.

Wir müssen nicht nur über Gott sprechen, sondern aus dem Leben Gottes heraus, mit Stimmen, die mit der unwiederholbaren Musik unseres eigenen Wesens harmonieren. Gott sehnt sich danach, unsere neuesten Stimmen zu hören, genauso wie wir uns danach sehnen, Gottes Stimme zu hören. Gemeinsam und überraschend wirken wir an der Erschaffung aller Dinge in der Neuen Schöpfung mit.

Und nun zu meinem Punkt: Lassen Sie für das Leben der Welt zu, dass die unendliche, verletzliche Liebe Gottes Ihre Ängste verdrängt und Ihnen den Mut der Liebe gibt, mit Ihrer einzigartigen, originellen und unwiederholbaren Stimme ein seltsam neues, sonderbares Wort der Liebe zu sprechen, um unseren Geist und unsere Vorstellungskraft zu erweitern und auszudehnen, um in unseren Herzen Platz für Gottes Zukunft und für die gesamte Schöpfung zu schaffen.

Vor fast einem Jahrhundert warnte Alfred North Whitehead vor dem "Irrtum der fehlgeleiteten Konkretheit", der unsere begrenzte Erfahrung oder Sprache mit universeller Wahrheit verwechselt. Der Vinzentinische Kanon "überall, immer und durch alle" ist keine historische Errungenschaft, sondern eine eschatologische Hoffnung. Allzu oft haben Kirchen angenommen, ihre Stimme sei die universelle und alle anderen zum Schweigen gebracht. Doch die Weisheit Gottes, die Fleisch wurde und nun die gesamte Schöpfung zusammenhält, spricht bereits in einer Kakophonie von Stimmen. Wir müssen zuhören.

Und denken Sie daran: Pfingsten war eine Kakophonie. Viele Stimmen, viele Sprachen, alle entflammt vom Heiligen Geist. Es war verwirrend, seltsam, merkwürdig, und manche dachten, sie wären betrunken. Wenn die Sprache der Neuen Schöpfung erklingt, klingt sie für diejenigen, die sie zum ersten Mal hören, immer bizarr.

Christus nachzuahmen genügt nicht. Wir müssen neu von Christus sprechen. Nur wenn wir mit dem Feuer sprechen, das unsere Lippen berührt hat, werden wir beginnen, mit der Grammatik unendlicher, verletzlicher Liebe neu zu sprechen. Schon Jesus sagte, wir würden Größeres tun als er. Dieses Versprechen ist keine Arroganz, sondern die überraschende Freude eines Gottes, der sich an unseren Stimmen erfreut.

James McClendon betitelte einst ein Buch mit dem Titel " *Biographie als Theologie"*, in dem er darüber nachdachte, wie unsere Geschichten unsere Vision und unsere theologische Stimme prägen. Gott erzählt seine Geschichte durch unser Leben. Das Verschweigen dieser Geschichten ist eine Wunde für den Geist. Was zu meiner Entlassung aus dem Priesteramt führte, war genau diese Überzeugung, dass die treue Lehre in jeder Stimme, in jeder Generation, in jeder Sprache neu geboren werden muss. Diese frischen Geschichten aus der Neuen Schöpfung zeigen, wie die Kirche die Verheißung von Gottes Zukunft und der Zukunft der gesamten Schöpfung lebt.

In ähnlicher Weise lehrte mich Roberta Bondis " *To Pray and to Love"* diese wertvolle Pädagogik des Geschichtenerzählens. Als Patristin und spirituelle Theologin erkannte sie, dass der Glaube der Kirchenväter und -mütter am besten durch Geschichten vermittelt wird. Und so begann sie, Theologie durch Erzählungen zu lehren, denn unsere

Geschichten sind Gottes Geschichten, die erzählt werden. Diese Erkenntnis veränderte meine Lehrtätigkeit und bestätigte, was ich schon lange ahnte: Treue Lehre als Grammatik der Liebe Gottes nimmt in unserem Leben Gestalt an.

John Wesley, der Theologe der *Theologia Practica*, erinnerte uns daran, dass Glaube, Hoffnung und Liebe nicht nur ausgesprochen, sondern im Boden der Schöpfung verwurzelt werden müssen. Lehre ist keine Abstraktion, die über der Welt schwebt. Sie ist ein Samenkorn, das in die Erde unseres Lebens gesät, mit Tränen bewässert und vom Geist erweckt wird. Wesley wusste, was die Mystiker wussten: Vollkommene Liebe vertreibt die Angst, weil vollkommene Liebe ins Fleisch eindringt.

Und doch hat die institutionelle Kirche oft Schöpfung von Neuschöpfung getrennt, als wären Himmel und Hölle weit entfernte Orte und nicht die gegenwärtige Realität. Aus dieser götzendienerisch sicheren Dichotomie lässt sich leicht sagen: "Du gehörst nicht dazu." Zum Beispiel, wenn die institutionelle Kirche Himmel und Erde trennt, als wolle sie sagen, dass zukünftiger Ruhm im Himmel auf dich wartet, wenn du dich unserer Sichtweise, unserer Sprache und unserem Glauben anpasst. Diese falschen Dichotomien machen Angst zu einer Waffe und bringen Stimmen mit der Drohung der Hölle zum Schweigen.

Mit anderen Worten: Wenn wir uns von der ursprünglichen Güte der Schöpfung abwenden und annehmen, dass die gesamte Schöpfung auf dem Sündenfall und der Erbsünde aller Menschen beruht, die nach dem Bilde Gottes geschaffen wurden, dann ist es leicht, ein pseudodualistisches Glaubenssystem aufzubauen, das besagt: Glaube, und du wirst dazugehören.

Doch die Frohe Botschaft Christi besagt, dass alle dazugehören. Unsere Zugehörigkeit ist nicht von unserem Glauben abhängig. Wir gehören zu Gott, weil Gott uns liebt. Wir glauben nicht, zu Gott zu gehören. Der Glaube des Evangeliums verkündet, was Christus uns beten lehrte: dass Gottes geliebtes Reich auf Erden wie im Himmel ist. Alles gehört dazu, denn im Hause Gottes (*oikodome*) gibt es keine

Trennung, keine Kluft, kein "wir" und "sie". Alle werden in die Liebe Gottes hineingezogen. Dies ist der beständige Refrain aller Mystiker. Nikolaus von Kues schrieb: "Die Maschine der Welt wird ihren Mittelpunkt überall und ihren Umfang nirgends haben, denn ihr Mittelpunkt und Umfang ist Gott, der überall und nirgends ist." In ähnlicher Weise erinnert uns Evelyn Underhill daran, dass Gott unendliche Liebe ist, der Mittelpunkt von allem und der Umfang von nichts.

Dies ist die Essenz des Glaubens der Kirche: von Ewigkeit zu Ewigkeit Zeugnis abzulegen und an der unendlichen, verletzlichen Liebe Gottes teilzuhaben.

Ich möchte Ihnen also Folgendes mit auf den Weg geben: Richten Sie keinen Schaden an. Aber schweigen Sie nicht. Sprechen Sie Ihr Wort. Erzählen Sie Ihre Geschichte. Antworten Sie treu auf das Wort, das in Ihnen Fleisch geworden ist, mit Ihren seltsam neuen und sonderbaren Worten der Liebe, die in der zukünftigen Herrlichkeit der Neuen Schöpfung Fleisch werden.

Und möge der Geist, "Sie, die ist", Weisheit, Atem, Feuer und Freude, Ihr Herz mit einer Grammatik der Liebe entflammen, die treu, seltsam und herrlich lebendig ist und den Schöpfer und alles, was Gott geschaffen hat, völlig überrascht. Amen.

Eine ausgewählte Bibliographie

Abraham, William J. 1998. *Canon and Criterion in Christian Theology: From the Fathers to Feminism*. Oxford: Oxford University Press.

Abraham, William J., Jason E. Vickers, and Natalie B. Van Kirk. 2008. *Canonical Theism: A Proposal for Theology and the Church*. Grand Rapids: Eerdmans.

Ayres, Lewis. 2004. *Nicaea and Its Legacy: An Approach to Fourth-Century Trinitarian Theology*. Oxford: Oxford University Press.

Balthasar, Hans Urs von. 2008. *Engagement with God: The Drama of Christian Discipleship*. San Francisco, California: Ignatius Press.

_____. 2004. *Love Alone Is Credible*. San Francisco: Ignatius Press.

_____. 1955. *Prayer*. San Francisco: Ignatius Press.

_____. 1983. *The Glory of the Lord a Theological Aesthetics.*: Vol. 1. *Seeing the Form*. San Francisco: Ignatius Press.

Bondi, Roberta C. 1987. *To Love as God Loves: Conversations with the Early Church*. Philadelphia: Fortress.

_____. 1991. *To Pray & to Love: Conversations on Prayer with the Early Church*. Minneapolis: Fortress.

Brueggemann, Walter, and Davis Hankins. 2018. *The Prophetic Imagination*. 40th anniversary edition. Minneapolis: Fortress.

Bromiley, Geoffrey William. 1978. *Historical Theology: An Introduction*. Grand Rapids: Eerdmans.

Catherine of Siena. *The Dialogue of Divine Providence*. (various translations).

Coakley, Sarah. 2013. *God, Sexuality and the Self: An Essay 'On the Trinity'*. Cambridge: Cambridge University Press.

_____. 2002. *Re-Thinking Gregory of Nyssa*. Malden, Mass.: Blackwell.

Coakley, Sarah. 2015. *The New Asceticism: Sexuality, Gender and the Quest for God*. London: Continuum.

Crossan, John Dominic. 2022. *Render unto Caesar: The Struggle over Christ and Culture in the New Testament*. First edition. New York, NY: Harper One.

Epp-Stobbe, Eleanor. 2000. "Practising God's Hospitality: The Contribution of Letty M. Russell toward an Understanding of the Mission of the Church." Dissertation: University of Toronto.

Gorman, Michael J. 2015. *Becoming the Gospel: Paul, Participation, and Mission*. Grand Rapids: Eerdmans.

_____. 2009. *Inhabiting the Cruciform God: Kenosis, Justification, and Theosis in Paul's Narrative Soteriology*. Grand Rapids: Eerdmans.

St. Gregory of Nyssa. 2002. *On God and Christ: The Five Theological Orations and Two Letters to Cledonius*. Trans. by Frederick Williams and Lionel R. Wickham. Crestwood, New York: St. Vladimir's Seminary Press.

_____. 1967. *Ascetical Works*. Trans. Virginia Woods Callahan. Washington, D.C.: Catholic University of America Press.

_____. 1978. *The Life of Moses*. San Francisco: Harper San Francisco.

_____. 2002. *On the Soul and the Resurrection*. Trans. Catharine Roth. Crestwood, N.Y: St. Vladimir's Seminary Press.

Hays, Christopher B., and Richard B. Hays. 2024. *The Widening of God's Mercy: Sexuality within the Biblical Story*. New Haven: Yale University Press.

Hays, Richard B. 2020. *Reading with the Grain of Scripture*. Grand Rapids: Eerdmans.

_____. 2014. *Reading Backwards: Figural Christology and the Fourfold Gospel Witness*. Waco, Texas: Baylor University Press.

Irenaeus. 1992. *Against the Heresies*. Edited by John J. Dillon (*et al.*). Trans. Dominic J. Unger. Ancient Christian Writers. New York: Newman Press.

Isherwood, Lisa, and Elaine Bellchambers. 2010. *Through Us, with Us, in Us: Relational Theologies in the Twenty-First Century*. London: SCM Press.

Jenson, Robert W. 2010. *Canon and Creed*. 1st ed. Louisville: Westminster/John Knox.

John of the Cross. 2012. *Collected Works of St. John of the Cross*. Memphis, TN: Bottom of the Hill Publishing.

Jennings, Willie James. 2020. *After Whiteness: An Education in Belonging*. Grand Rapids: Eerdmans.

Kaur, Valarie. 2020. *See No Stranger: A Memoir and Manifesto of Revolutionary Love*. New York: One World.

Kelly, J. N. D. 2003. *Early Christian Doctrines*. Rev. ed., Peabody, MA: Prince Press.

LaCugna, Catherine Mowry. 1991. *God for Us: The Trinity and Christian Life*. San Francisco: Harper San Francisco.

Lindbeck, George A. 2009. *The Nature of Doctrine: Religion and Theology in a Postliberal Age*. 25th anniversary ed. Louisville: Westminster/John Knox.

Lubac, Henri de, Susan Frank Parsons, and Laurence Paul Hemming. 2006. *Corpus Mysticum: The Eucharist and the Church in the Middle Ages: Historical Survey*. South Bend: University of Notre Dame Press.

McClendon, James Wm. 1990. *Biography as Theology: How Life Stories Can Remake Today's Theology*. New ed. Philadelphia: Trinity Press International.

Míguez Bonino, José. 1983. *Toward a Christian Political Ethics*. Philadelphia: Fortress.

Moltmann, Jürgen. 1977. *The Church in the Power of the Spirit: A Contribution to Messianic Ecclesiology*. Minneapolis: Fortress.

_____. 2015. *The Crucified God*. 40th anniversary edition. Minneapolis: Fortress.

_____. 2020. *The Spirit of Hope: Theology for a World in Peril*. Louisville: Presbyterian Publishing.

_____. 1981. *The Trinity and the Kingdom: The Doctrine of God*. Minneapolis: Fortress.

Moltmann, Jürgen, and Margaret Kohl. 2004. *The Coming of God: Christian Eschatology*. Minneapolis: Fortress Press.

Newman, John Henry Cardinal. 2013. *An Essay on the Development Christian Doctrine*. Lanham: Start Publishing.

Julian of Norwich. (2022). *The Showings: Uncovering the Face of the Feminine in Revelations of Divine Love*. Trans. Richard Rohr. Charlottesville, VA: Hampton Roads.

Patterson, Stephen J. 2018. *The Forgotten Creed: Christianity's Original Struggle against Bigotry, Slavery, and Sexism*. Oxford: Oxford University Press.

Pelikan, Jaroslav. 1971. *The Christian Tradition: A History of the Development of Doctrine*. Chicago: University of Chicago Press.

Pelikan, Jaroslav. 1986. *The Vindication of Tradition*. New Haven: Yale University Press.

Placher, William C. 1994. *Narratives of a Vulnerable God: Christ, Theology, and Scripture*. 1st ed. Louisville: Westminster/John Knox.

Prestige, G. L. 1964. *God in Patristic Thought*. [2d ed.]. London: S.P.C.K.

Rahner, Karl. 1963. *The Church and the Sacraments*. New York: Herder and Herder.

————. 2001. *The Trinity*. Trans. J. F. Donceel. London: Burns & Oates.

Rahner, Karl, and Johann Baptist Metz. 1968. *Spirit in the World*. Trans. William V. Dych. New York: Herder and Herder.

Russell, Letty M. 1993. *Church in the Round: Feminist Interpretation of the Church*. 1st ed. Louisville: Westminster/John Knox.

Russell, Letty M. (*et al.*). 2009. *Just Hospitality: God's Welcome in a World of Difference*. 1st ed. Louisville: Westminster/John Knox.

Smith, James K. A. 2009. *Desiring the Kingdom: Worship, Worldview, and Cultural Formation*. Grand Rapids: Baker.

Smith, James K. A. 2016. *You Are What You Love: The Spiritual Power of Habit*. Grand Rapids: Brazos Press.

Teresa of Avila. 2025. *The Interior Castle*. Trans. Kieran Kavanaugh, and Otillo Rodriguez. Mahwah, New Jersey: Paulist Press.

Turner, H. E. W. 1954. *The Pattern of Christian Truth: A Study in the Relations between Orthodoxy and Heresy in the Early Church*. New York: AMS Press.

Volf, Miroslav. 1998. *After Our Likeness: The Church as the Image of the Trinity*. Grand Rapids: Eerdmans.

_____. 2019. *Exclusion & Embrace: A Theological Exploration of Identity, Otherness, and Reconciliation*. Revised and updated edition. Nashville: Abingdon.

_____. 2021. *The End of Memory: Remembering Rightly in a Violent World*. Second edition. Grand Rapids: Eerdmans.

Wainwright, Geoffrey. 1980. *Doxology: The Praise of God in Worship, Doctrine and Life*. Oxford: Oxford University Press.

Wessel, Susan. 2010. "Memory and Individuality in Gregory of Nyssa's Dialogus de Anima et Resurrectione." *Journal of Early Christian Studies* 18 (3): 369–92.

Williams, Thomas, ed. 2025. *Augustine's 'Confessions': A Critical Guide*. Cambridge: Cambridge University Press.

Williams, Rowan. 2016. *Being Disciples: Essentials of the Christian Life*. Grand Rapids: Eerdmans.

_____. 2018. *Christ the Heart of Creation*. London: Continuum.

_____. 2000. *On Christian Theology*. Oxford, UK: Blackwell Publishers.

_____. 2003. *The Dwelling of the Light: Praying with Icons of Christ*. Grand Rapids: Eerdmans.

_____. 2007. *Tokens of Trust: An Introduction to Christian Belief*. Louisville: Westminster/John Knox.

Wright, N. T. 2013. *Christian Origins and the Question of God*, Vol. 4: *Paul and the Faithfulness of God*. Minneapolis: Fortress.

_____. 2007. *Surprised by Hope*. London: SPCK.

Young, Frances M., and Andrew Teal. 2010. *From Nicea to Chalcedon: A Guide to the Literature and Its Background*. Second Edition. Grand Rapids: Baker Academic.

Zizioulas, John D. 1985. *Being as Communion: Studies in Personhood and the Church*. Crestwood, N.Y.: St. Vladimir's Seminary Press.

Zizioulas, John D., and Luke Ben Tallon. 2011. *Eucharistic Communion and the World*. London: Continuum.

Register

* Lesern, die durch das Inhaltsverzeichnis verwirrt sind, empfiehlt der Autor, das Buch noch einmal zu lesen.